球不会说谎！
哈佛小子林书豪
赢家心法29招

肯特/著   陈志隆/绘图

人民体育出版社

目录 Content

前言		4
第1招	先品尝一下挫折的滋味	9
第2招	做你喜欢做的事	15
第3招	偶尔要抬头看看蓝天	23
第4招	可恶！都是压力惹的祸！？	29
第5招	机会像流星	37
第6招	勇于挑战	45
第7招	跟着感觉走	49
第8招	找回笑的感觉	55
第9招	莫叫人生留遗憾	61
第10招	球不会说谎	67
第11招	求胜斗志的神奇魔力	73
第12招	享受比赛	81
第13招	感恩	87
第14招	别把已经拥有的当成理所当然	95

第15招	对的人摆在对的位置	101
第16招	照亮别人	109
第17招	天生我才必有用	115
第18招	分享	123
第19招	蝴蝶效应	129
第20招	湖人，你怎么了？	137
第21招	地球不是以你为中心在运转	147
第22招	没有标准答案的问题，怎么解？	155
第23招	自信、自傲差很大	167
第24招	十年磨一剑	183
第25招	想当永远的赢家吗？	199
第26招	哈登龙爪手	209
第27招	从152到191的增高撒步	237
第28招	老天保佑你拥有开明的父母	243
第29招	欧拉朱旺的天蚕梦幻步	251

目 录

前言 Foreword

林书豪的赢家心法

2012年2月4日掀起的"林来疯"旋风,到底疯狂到什么程度?凯尔特人队长人凯文·加内特(Kevin Garnett)的一句话最传神:"他几乎接管了全世界。"

林书豪并没有科比·布莱恩特(Kobe Byrant)出神入化的个人单打技巧,也没有"大帝"詹姆斯(LeBron James)那犹如在打美式足球般的雄浑刚猛球威,跟控球后卫比,也没有保罗(Chris Paul)百变神行的盘球才华,他凭什么让大家为他如此疯狂?如此陶醉?

因为,他那麻雀变凤凰的故事,更贴近一般老百姓的"美国梦"。

他不是天赋异禀,但他正视缺点,坚持苦练。

他历经挫折,但是他保持正面思考,绝不放弃。

他承受美国人对亚裔球员的刻板印象,但他化阻力为动力,勇敢追梦。

他跟寻常人一样,在紧要关头会压力缠身,让他打不出应有的水平,但他找到压力的源头,勇于挑战,克服心魔,进而驾驭压力,享受压力。

他只不过是即将被释出的菜鸟,但他掌握最后机会,绝地大翻身。

美国人在林书豪身上看到希望，一个梦想可能成真的希望，这种投射效应，是无法在一些天赋异禀的球员，如"大帝"詹姆斯（LeBron James）或"魔兽"霍华德（Dwight Howard）等人身上，连结在一起的。

本书在篮球招式方面，从林书豪在"林来疯"时期曾经使出的篮球招式中，选取最经典又最实用的招式，另外，附上"大胡子"哈登独步江湖的"龙爪五式"和"魔兽"霍华德从"翻身天王"欧拉朱旺学得的那全套"天蚕梦幻步"，总共38招，其中除了单打独斗招式，也有很多团队和小组战术，适合五对五和三对三斗牛时的走位参考。只要把这经典38招，练它千遍不厌倦，练到如影随身，一动念，剑气随之而起，并且能神而明之，存乎一心时，睥睨天下，笑傲江湖的美梦，指日可待。

然而，个人单打招式再如何厉害，走位战术再如何巧妙，也无法凭此就可保证带领球队拿下胜利，篮球是一项团队竞赛，唯有同心协力才是制胜之道，但是，人心微妙，最难掌握，不仅要战胜自己的心，还得有本事让全队同心，其中道理大家可能都会讲，可惜知易行难，此乃千古大学问。

看林书豪如何"知易行也易"

有句话说："想要号召别人和自己同心协力改变世界，首要任务是赢得人心。"林书豪之所以能掀起席卷全世界的超级旋风，关键在他具备成功者该有的全部人格特质，他运用这些人格特质，战胜自我并赢得人心，他如何"行"，才是精髓所在，而其中之窍门就是本书除了篮球技巧之外，另外附上的"赢家心法29招"。

哈佛小子 林书豪赢家心法

林书豪就凭借他这"赢家心法29招",在他当选2012年美国《时代》杂志公布的全球百大年度最有影响力人物的首位时,让美国教育部长邓肯(Arne Duncan)因之公开赞扬林书豪是孩子学习的典范,他说:"我为这个国家的孩子们高兴,也为全世界的孩子们高兴,因为林书豪为他们树立了一个很好的典范。"

细细品味林书豪这"赢家心法29招",从中更能体会为什么我们常说:"一个人的性格决定其一生的成败,性格的教育,远比学历更重要。"

他树立的学习典范有以下几项:

从名校以优异成绩毕业的学生,就如手握一把削铁如泥的屠龙刀,但是,并不代表你赢定了,也不代表你就可以"号令天下,莫敢不从"。有多大成就,还得看你有什么高招去逢凶化吉。

如果你天生记忆力或IQ超强,恭喜你,没有意外的话,你将是考试总是拿100分的资优班学生,享尽师长家长疼爱,但是可别误会你的人生也都可以拿100分,毕业后,才是人生真正的考验。

如果你是放牛班同学,也不必因此就怀忧丧志,以为你人生已经注定被老天贬到北大荒放牛吃草,看看王永庆、郭台铭这些在企业界呼风唤雨的大企业家,他们的学历和在校成绩跟你一样都是放牛等级,在商场上,他们就是另一个林书豪。天生我材必有用,只要你能善用自身优势。

当学生时,面对课业难题总是有标准解题公式,但是面对人生难题时,怪了,全不是那么一回事,不仅没有标准解题公式,甚至没有标准答案,没有绝对的对错,这时就考验你的沟通技巧、自省能力和执行能力。

面对未来,到底要走低风险、少吃苦的路或勇敢依着自己兴趣走,先倾听你内心的声音,如果自认或许有那能力,能点燃几朵炫丽烟火,放胆做吧!这才不枉费人生走一回。

当你很幸运的少年得志,先别高兴太早,别以为人生就此一帆风顺,你可能因此迷失自我,失去再求进的动能,或膨胀自己的能耐,而犯下大错,让你全盘尽输,也可能因一个唾手可得的诱惑,让你中途翻船,永不翻身。

聪明人会从自身经验不断学习,只是必须为犯错付出昂贵代价,更聪明的人,则借用别人的经验来学习,它免费又快速。林书豪这"赢家心法29招"有醍醐灌顶之效,让你正式加入"永远赢家"的行列。

1招 先品尝一下挫折的滋味

夜风已冷，回首前尘如梦，
心似结冻，怎堪有志难伸。
难舍心痛，难舍梦想成空，
难舍，曾经球场的放纵。
心虽高飞，人已憔悴，
千投万练，机会一再烟灭……

我不想打篮球了！

第 1 招 先品尝一下挫折的滋味

2011年的圣诞夜。

这是一年一度全家团圆准备分享该年喜乐的日子，当天，林书豪收到了一份圣诞礼物——休斯敦火箭队请他走人。全家喜迎圣诞聚，却是裁掉断肠时。在接到这被裁掉消息的当下，他脑中一片空白，只是觉得，心，非常非常地疲惫，就好像一个拳击手被重重击倒在拳击场上，眼神呆滞，裁判的倒数读秒声细细从远处传来耳边。他怀疑自己是否还有力气爬起来，纵使爬得起来，是否还有勇气面对再次的挑战。在人前，他强打精神回道："这不是世界末日。"可是当他回到家，晚上盖起棉被，卸下那为应付外界的武装后，情绪像瓦斯炉刚煮沸的开水，再也按捺不住，号啕而哭。眼泪像水库溃堤般，迅速淹没床沿。"那种感觉真的让人伤到心都会痛，因为我觉得我有能力做到，这个结果我无法接受，也几乎无法承受。"他不是哭技不如人，而是哭根本没有机会证明自己是否有能力在NBA生存。

外线特训后灾难连连

2011年暑假，他特别回头找他的高中教练戴本·布洛克。整个暑假每天上午十点到十一点敏捷训练，这有助于比赛中的切入和抢断能力。

十一点到十二点力量训练，他将自己的体重由200磅增加到212磅，这有助于应付NBA常有的强力碰撞，不减低他的强项——速度，又同时可强化平衡感。

下午一点到两点投篮训练，针对外线跳投不够准的缺点，帮他修正投球姿势和投球节奏感。两点到四点自主练习。

特训结束，自认功力大增，磨刀霍霍，准备好好给教练一个surprise时，新球季到勇士队报到的第一天，教练迎头一句话："歹势，请另寻高就！"

理由："要腾出薪资空间找明星球员。"哇咧什么碗糕理由？林书豪的薪水，供球队打牙祭塞牙缝都不够耶？当时他的心境就是一个字，惨！还好，只失望了两天就得到火箭队收留，他满怀感谢上帝眷顾，有如得到重生机会，再次武装满肚子的斗志，准备迎接再次的挑战。可是，人一到休斯敦，迎面而来的是一盆冷水，他发现这里竟然有一牛车的后卫，他连队内分组练习赛都得跟人抢着上场。"太夸张了！根本无法充分练习！"林书豪心想。

一种不祥的预兆，纠结在心头，让他压力倍增。

接着季前热身赛，情况没改善，他只上两场，总共7分51秒。然后，就被通知走人。

一块肉只沾个酱油就喊："The party is over."火箭队甚至没尝过这块肉，到底新鲜不新鲜呢！

那几天，林书豪除了哭之外还是哭，什么事都不想做，什么事都懒得动，只是两眼无神地发呆，心中问着上帝："这是怎么一回事？你在开我玩笑吗？我花了四个月的时间练习，自认比任何球员还要认真努力,但是换来的是连练习机会都必须要争取!然后是圣诞夜前当头一棒的裁掉。"

挫折像一只挥之不去的苍蝇

从高中毕业后,没有任何一所一级联盟的大学愿意挑选他开始,"挫折"就像一只挥之不去的苍蝇,死缠着他。

但是,每一次面临挫折,他都是抬头挺胸正面迎战它,在克服每一次的挫折后,林书豪也总是删除他心中的负面思维,用正面思考去解读它。

针对没被任何一级联盟的大学青睐的事,他事后在教会跟教友分享这经验:"当时我相当失望,不过现在回想,如果当年我念斯坦福,可能就无法进NBA,因为斯坦福大学校队人才济济,自己恐怕没有足够机会磨炼掌控球赛的能力。"

"上帝把其他门都关上,让我进入哈佛,后来换上新的教练亚麦克(Tommy Amaker),改变了整个球队。"针对在勇士菜鸟年的遭遇,他事后说:"我去年下放到发展联盟3次,但是没有这些训练,就没有今天的我。"

因为,林书豪总是认为这些挫折,不过是"天将降大任于斯人也,必先苦其心志"的过程,所以他像一个打不倒的斗士,愈挫愈勇。

但是,接踵而来的重击是如此的难堪,如此难于承受的重,不禁,他开始质疑他所经历有关篮球的每一件事。

"这一切挫折、难堪、苦难,难道不是上帝所安排,在通往

'成功'前对我的磨炼吗？还是要我认清事实，我根本不适合在NBA生存？"

他，失去了打篮球最原本的乐趣，天天拼老命似的只为了进NBA，为了什么？为名？为利？或为证明什么给别人看吗？NBA也逛了一趟了，又so what？简直是一场灾难！窝在家里这段日子，林书豪每晚躺在床上，翻来覆去，越想越不对，甚至越想越生气，总是在痛哭过后才昏睡过去。

梦见上帝

某一个晚上，他梦到了上帝。

他满脸怒气道："我再也受不了了！你这玩笑开过头了，我不干了！"上帝气定神闲回道："没有人逼你做啊？再说你也够福气了，你想想，打篮球的人这么多，有几个有机会踏上NBA的球场上，至少你逛了一趟了。""可是，这简直是一场灾难！我不玩了！"林书豪说。"喔，不玩了？那你想干吗？""我我我……我可以去当传教士，去传播福音啊！""嗯，也不错啦。"上帝沉默片刻后，即说："可是传教士不缺你一个耶！再说你去当传教士，有点……""有点怎样？""有点浪费！传播福音有很多方式，在NBA打球不是你的梦想吗？要是你有办法留在NBA，说不定效果更好喔。""留在NBA？可是你的考验太过分了！""太过分？梦想要是简单，那还叫梦想吗？你就是需要被刺激一下，才想得通。"

"刺激一下？我才被刺激一下吗？我从高中毕业后，一路被刺激耶！而且，每一次我都这么努力去克服它！"林书豪嘶声呐喊地抗议。

"世事难料，努力并不能保证成功……"上帝似乎不想再说，身影渐远。林书豪在大声抗议中惊醒过来。

他一身冷汗，好像刚打过球一般。睡眼惺忪望向窗外，后院一片昏暗死寂，但已有些许光线，应该是黎明将至时刻。他躺在床上继续发呆。

放弃或继续苦撑下去？放弃，就这么的省事，继续苦撑，却是那么苦涩，林书豪陷入极度挣扎。

忆起小时候，和哥哥就在家里的后院，一起往窗内客厅看着飞人迈克尔·乔丹的电视转播，然后现学现卖，吐着乔丹那招牌长舌，模仿他的各种招式，满院尽是欢笑声。

天啊！当时，因为篮球，是那么享受那单纯的快乐。而现在呢？"好像被篮球吞吃了，它占据了我所有的时间、经历、思想……我很不快乐，完全不快乐。"

不禁，他深深叹了一口气。

夜风已冷，回首前尘如梦，

心似结冻，怎堪有志难伸。

难舍心痛，难舍梦想成空，

难舍，曾经球场的放纵。

心虽高飞，人已憔悴，

千投万练，机会一再烟灭……

2招 做你喜欢做的事

工作就是你的兴趣，那是人生最幸福的事，因为是兴趣，所以会充满热情，因为充满热情，所以会有很多创意，因为有很多创意，所以会很享受过程，并得到很多满足。过程一定会有难题或挫折，但是你的热情，会带你克服万难，再创新机。

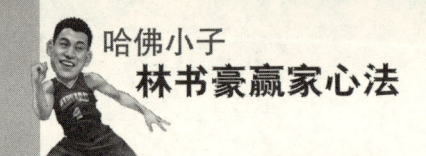

第 2 招 做你喜欢做的事

不自觉,林书豪脑中浮现出他过往的篮球路……

从六岁时父亲带他接触到篮球,他就深深地被它迷住,也展现出他的篮球天分。当他六岁时就秀着令人惊喜的盘球技术,从父母和周遭大人们的夸奖和鼓掌声中,激励起好还要更好的热情。

这种对篮球的热情程度,从一些小地方就可看出端倪。看着林书豪从小打球,在硅谷担任篮球教练的万世辉说:"印象最深的是,林书豪六年级时坐在球场的一角,非常认真地做笔记,分析每位球员的表现。"

天啊!哪一位六年级的小学生会有这种举动?

"打球不只是用手打,也用脑子在打"的特质,其实在他那小小年纪就已经快速深植。当时,也才会得到万世辉教练给他的评语:"他的篮球智商很高,篮球解读能力很强。"

当时光回到他小时候的过往,所有的回忆尽是欢乐和得意。

带领他就读的帕洛奥图中文学校"首度击败"硅谷中文学校时,他大杀四方,个人就投进五到六个三分球,打到有小朋友天真地问林书豪的妈妈:"Jeremy是不是神啊?"

2005年带领帕洛奥图高中拿下加州的冠军,而他则勇夺年度的最佳球员,当时,感觉自己简直是睥睨天下,拔剑四顾心茫茫。

可是当他头戴着二级联盟的加州冠军战绩和年度最佳球员光

环，手里捧着优异的学科成绩单GPA4.2（满分5），近满分的SAT，要申请美国大学体育联盟一级学校（NCAA Division I）的奖学金时，不仅他从小最向往的斯坦福大学不提供篮球奖学金，而且是全部被打回票！

斯坦福大学篮球队甚至说，纵使自费入学也不保证他一定可以入该校篮球校队。这是他篮球生涯遭遇的第一个重大挫折。从此风云变换，从小时候的风光岁月，进入成人世界的魔界人生。

不折不扣的斗士

从小到大，林书豪面对挫折时，从不曾退却过，永远抬头挺胸正面迎战它。

他的高中教练戴本·布洛克在林书豪高一时和他初次见面，认为他这么矮的个子，球技也不过普通好而已，心想："这小伙子这副模样，能打出啥名堂吗？"

不过，他高中教练的怀疑没多久就慢慢改观，他发现当林书豪需要修正的时候，他会马上改变过来，他回忆道："前一场因失投或失误而导致输球，他会在赛后仍然留在球场或隔天一早，立刻拿起篮球猛练那个动作。"

身高太矮？No problem，林书豪彻底执行增高计划，从高一时不到170厘米，到高三毕业时，卯起来增高到190厘米。

"这小子有强烈的决心和努力，愿意正视挫折，找出原因立即改进，而且动力十足，是一个不折不扣的斗士！"戴本·布洛克回忆道。

哈佛小子
林书豪赢家心法

没错！就是这种对篮球的热情，对挫折的正面迎战态度，让林书豪的球技快速进化。从一只毛毛虫，不断蜕变成一只展翅高飞的蝴蝶。

人生道路上永远有选项，碰到挫折或自己不拿手的地方，选择逃避或放弃，最方便省事，但是林书豪因为对篮球的热情，他毫不考虑，选择正视它、改进它。

大学一级联盟没人要，OK，他自费进入二级联盟的哈佛大学，好歹可也是好几位美国总统的学弟呢。

哈佛前教练雷狄克和林书豪初见面时嫌他："他有点太瘦，当时他的弱点之一是不够强壮。"的确，当时他的身高是拉上来了，可是却是一支大竹竿，没问题，他开始勤做重量训练。

"他的优势在于是极具竞争意识的球员，但有时候就显得太躁进。"新的哈佛总教练亚麦克（Tommy Amaker）道。

打球太毛躁？嘿嘿，这对林书豪更没问题，从小他就培养出观察比赛、解读球场现况的习惯。

结果，他当起哈佛校篮球队队长，并带领球队拿下常春藤联盟分组冠军，打进NCAA美国大学联赛的64强。

NBA的选秀又是一个大挫折，本来从事先的讯息得知，湖人队有可能在第二顺位"吊车尾"选他，期望却落空，从小朝朝暮暮的梦想就差那么一小步，可以想象林书豪当下是什么心情，他没有哭，但一脸衰尾相，也快接近哭了。

父母看在眼里心想："不行，得给他一个发泄管道。"于是拿起电话，订了一百只他最喜欢的鸡翅供他发泄。满桌鸡翅当前，他和父母相视一笑，满腹失落就在啃鸡骨声中消散。

此时，电话铃声响起，小牛队总经理尼尔森邀请他去打夏季联盟，这联盟的比赛是不少NBA选秀落榜好手的跳板。

邀请来得这么快，而且还是总经理亲自来电，林书豪突然感觉自己的行情并没想象中的差嘛。

在绝望中看到一线曙光，精神为之一振，擦掉满嘴油渍，带着一百只鸡翅的热量，他心想："好好地证明给大家瞧瞧，二级联盟的球员不是没有好料的！"

证明不比同梯状元差

在夏季联盟一次比赛中，敌队有一位万众瞩目的控球后卫沃尔（John Wall）；他可是2010年巫师钦点的选秀状元，开赛前，所有体育馆的人都是想来瞧瞧这位当红炸子鸡，如何展现他的威风？

可是，打到第四节末，却有不少人在对一位姓Lin的小子评头论足，因为，主宰这场球赛第四节的，不是沃尔，而是这位黄皮肤的东方稀客。

"Hey，他的速度、弹性比看起来的还好耶！他是从哪里冒出来的？"

"哈佛毕业的啦！就偶有的历史纪录显示，这学校出来的，读书是很强啦！但想在NBA混，恐怕经不起时间考验。"

林书豪受够了这种类似的评语，纵使他刚刚才证明他的球技，一点都不会比同梯状元差。

在美国人的篮球观点，东方人还停留在一百多年前"东亚病夫"的阶段，除了身高超长的姚明，普通身材的球员好像跟宠物一样，不得进入NBA公园。他们宁愿相信已深植脑中的固定看法，而不愿相信亲眼所看到的。

还好，是好汉总会有识货人，当年勉强被金州勇士队挑过去。美梦成真，林书豪眼中的世界，霎时变得五彩缤纷。这次，全家人以大吃pizza痛快庆祝一番。

可是，美梦总是醒在清晨时，一进NBA就惊醒过来，严重水土不服，他连板凳球员都坐不稳，在他的菜鸟球季三次被下放到发展联盟（D-league）。

在当时勇士队教练斯马特（Keith Smart）的眼中，他优点只有一项，勇于攻击禁区，缺点却是一箩筐，助攻技巧欠佳，投篮准头不够，失误、犯规太多。

他发觉，勇士队当初选他的原因，似乎只是考虑到当地广大的亚裔市场，而不是纯粹评估他的球技，这让他的自信心和自尊心双重受挫。

"我所有的努力，换来的只是一个供人观赏的花瓶吗？"

"我真的没能力站稳在NBA吗？"

"还是因为从来没有一个亚裔球员，可以只凭借球技就可在NBA生存的刻板印象，就因此认定我无法突破这事实？"

林书豪不服气不甘心，但他不怨天尤人。

他正视他的缺点，把自己当成一块海绵，在这三次的下放发展联盟，不断吸收养分，修正他在罚球线的挡拆技巧，累积在场上的解读能力，制造队友得分机会，加强他的中距离和三分线跳投，这些，可都是要成为一位杰出控球后卫的必备武器。

他的高中教练斯考普勒回忆道："当在勇士队的时候，他蜕变的过程开始了。"

3招 偶尔要抬头看看蓝天

不要一味低头打球,偶尔也要抬头看看蓝天。人生不如意十有八九,每个人终其一生,其实大部分时间都是在跟"不如意"相处,所以学习如何跟这个恶邻打交道,是人生必修课程。不如意时,心灵如果有个寄托,是渡过的最佳帮手,这个心灵寄托可以是宗教、家人、伴侣、子女,甚或一件你热爱的事。

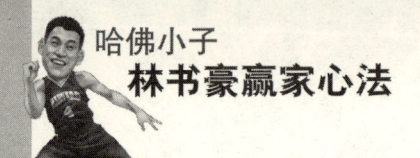

第 3 招 偶尔要抬头看看蓝天

当林书豪心情处于焦虑难安的状态时，教会是他一定会去的地方。在那里不一定可以得到答案，但至少可得到暂时的宁静。

被火箭队裁掉后，他回到旧金山湾区的家，回到他最熟悉的山景城基督徒会堂，仰望着耶稣基督，心中默问："这到底是怎么回事？我已经快撑不下去了，我该何去何从呢？"

时常听他倾吐心事的牧师陈光耀道："这段日子他的确很煎熬，我无法向他保证什么，我只能跟他说，相信上帝的安排，不要在乎眼前的结果。"

那上帝的安排是什么？放弃或苦撑？

他感觉已失去对篮球的热情，失去勇敢再奋起的动力，他现在最需要的是心灵疗伤。

这段时间，林书豪常做祷告并默念圣经里的话："患难生忍耐，忍耐生老练，老练生盼望，盼望不至于羞愧。"

被尼克斯捡走

冥冥中，上帝似乎听到了他的呼唤，再给了他一次机会。

才隔三天，纽约尼克斯队的先发控球后卫巴伦·戴维斯（Baron Davis）受伤，需要一个备胎，他又被签下。

林书豪当时的心灵伤口实际上还没愈合，看起来就如他妈妈说的，像一只斗败的公鸡，垂头丧气，他父母看在眼里，心想："这副模样，如何再出去上战场？"

临行前爸爸妈妈分别给他叮咛，爸爸说："有机会在NBA打球，本身就是很难得的人生经验，抛开一切得失杂念，最重要的是要享受打球的原本乐趣，尽力表现你最好的实力，结果会是如何，就交给上帝吧。"

妈妈的叮咛简单扼要："相信自己！"

拥有这么一对开明又了解他的父母，实在是非常幸福，家，永远是他在狂风暴雨中最佳的避风港。

你再如何热爱那颗球，球永远不会爱你，但是，家里的父母永远提供无条件的爱。

找回打球的原本乐趣和重建自信，的确是他当下最需要的心理疗伤，他父母的叮咛一针见血。之前，他求好心切，整日上紧神经发条，像一只斗鸡般，结果呢？搞到像一只斗败的公鸡，垂头丧气，心力俱疲。

这次，林书豪沉淀思绪，试着转换心境，放松心情，学着不再一味低头打球，偶尔也要抬头看看蓝天，不再强求，不再担心，不再在乎别人对他的指指点点，just do it!

这次，能在尼克斯队待多久，他一点都没把握，林书豪不敢在纽约找住所，暂时投靠就读纽约大学牙医系的哥哥林书雅，他晚上睡觉的床竟然是哥哥家的客厅沙发。别人打NBA享尽荣华富贵，他打NBA却好像一个打工仔，人比人气死人！

到尼克斯队的首场比赛就在他家附近的甲骨文广场（Oracle

哈佛小子
林书豪赢家心法

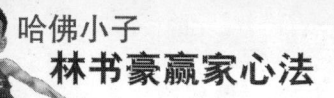

Arena）打。

尼克斯队虽然先发控球后卫巴伦·戴维斯受伤缺阵，但阵中可当控卫还有老将毕比（Mike Bibby）、尚波特（Iman Shumpert）、道格拉斯（Toney Douglas），轮不到林书豪这个落水菜鸟表现机会。

该场球赛，总教练给他上场1分27秒，算是略表欢迎之意，他一滴汗未流，一分未得，而且尼克斯队往后几周，他还是只能在终场前，球队大赢或大输情况的垃圾时间（garbage time）才有机会上场跑跑龙套。

这种场景就如去年在勇士队的翻版，去年很不适应；今年，当他试着调整心态，不再强求，不再在乎别人看法，而是专注找自己的节奏，似乎比较能坦然接受了。

但是，转换心境是高难度的修炼，岂是说换就能换，林书豪脸上依旧是挂着他的一号表情，苦瓜脸。

仅蜻蜓点水出赛五场，他又被下放发展联盟，在尼克斯队闷了一肚子鸟气，一到发展联盟的第一场球赛，他如猛虎出笼表现得活跳跳，立刻交出28分11个篮板12次助攻的"大三元"成绩，亮眼的表现，让尼克斯球团心想："咦？他很不错啊！"马上又被叫回尼克斯队。

林书豪这时其实已经很明确的传达了一个讯息，给他足够的上场时间，而不是上场一下子，身体都还没热开就叫他回板凳坐，他就有能力让大家刮目相看。他已经准备好了，缺的就是一个机会。可惜，当时尼克斯队的总教练，因为球队战绩乌黑黑，被纽约毒舌

第3招　偶尔要抬头看看蓝天

媒体轰得满头包，无暇注意到他。

日子一天一天过去，林书豪心头却是急得如热锅蚂蚁，因为他和尼克斯队签的不算是保障合约，合约载明2月10日才是保障合约正式生效日期，意思是说2月10日前是试用期，球队有权可以随时请他走人。

吃饱撑着没事干坐领高薪，在别的行业算是钱多事少的肥缺，但是他心里有数，这种坐冷板凳的情况不改变，随时会再面临第三次裁掉的打击。可以想象林书豪这时心头压力有多大，日子有多难熬。

他心中只是一个卑微的希望："至少能够撑到球季结束前，都能一直留在尼克斯队。"

但是机会一分一秒在流逝，而且，他唯一能做的竟是痴痴地等，等那不知是否会降临的机会。

惶恐、无助、煎熬、焦虑，交织成一个沉重的压力网，罩在他的头上，让他喘不过气来，他的心灵需要一个倾诉的出口，这时，上帝是他唯一的对象。

在全美各城市奔波比赛并不容易有机会上教堂，还好各比赛场所都有祈祷室附属设施，他大部分时候独自去，有时则和队友菲尔德（Landry Fields）一起去，这阵子当他面对上帝，低头祈祷的就是一个要求，"希望尼克斯队不要把我裁掉！"

不放弃任何一线生机

二月初，林书豪的心情如纽约的天空一样，阴暗、灰沉、冰冷，离决定他是否能继续留在尼克斯队的生死判决，只剩一周的时间。要自哀自叹坐在板凳上等着被裁掉？还是绝不放弃任何一线生机？

前途一片黑暗，但他用他哈佛生的思维，努力在脑袋中搜寻任何有可能的光线。这个球季因赛前NBA劳资双方谈判不拢，球赛拖了一个月才正式开打，球季缩水的结果造成赛程非常紧密，各队总教练得更加注意主力球员的上场时间，否则铁打的身体也不堪连续三日都上场40分钟以上的操兵。

林书豪灵光一现："这星期球队刚好要连续三日比赛，丹东尼总教练会给我机会的，一定会！"

他为什么认为这星期一定会有充足的上场机会？

原因有三：

1.控球后卫这个萝卜坑，也是需要多人轮换调节体力。

2.丹东尼总教练一直找不到理想的控卫，来执行他最拿手的"挡拆战术"。

3.就是一定会有这机会！不需任何理由！他必须积极正面地如此想，这已是他是否能在NBA生存的最后机会，他已在上帝面前发誓：

"我下定决心要拿出我所有的拿手武器，我必须确实打出自己的球风和节奏，即便结果还是被裁掉，那我也会接受了！""就算我倒下了，起码也要像个奋斗过的战士！"

4招 可恶！都是压力惹的祸！？

常常听到人们诉苦："最近压力好大喔！"语气永远把压力当成放牛班的坏孩子，成事不足，败事有余。其实压力是一把两面刃，你掌握得宜，它可会利用你身体大量分泌的肾上腺素，激发潜能和灵感，摇身一变，成为助你突破难关挑战极限的屠龙刀。

第 4 招　可恶！都是压力惹的祸！？

"我建议可考虑在第二节替补先发球员体力时段，让Jeremy Lin试试。"尼克斯第一号主将甜瓜安东尼向总教练丹东尼说。

尼克斯现在担任控球后卫这职位，大部分时间是尚波特和老将毕比或道格拉斯，林书豪是队上第4号控卫，一般状况，第一节尾段到第二节是第2号控卫的替补时段，排行老四的他只有在无关胜负的垃圾时间，才轮得到他上场。

尚波特体能天赋异禀，弹跳能力超强，速度飞快，能切擅守，可惜犯了年轻人的通病，血气方刚，往往球在他手上，要他组织全队进攻，他却常常一上场就脑充血，埋头独干，把其他球员搁在一旁，有一次还当场被安东尼叫到旁边训斥一翻。道格拉斯球技中规中矩，但执行战术能力也是不受丹东尼总教练青睐。

老将毕比虽然有组织进攻的观念，却有心无脚力，几乎已经丧失切入的能力，总教练丹东尼成名的"七彩挡拆战术"交到他们手上，没有了切，就没有所谓的挡拆战术，当然无法施展出战术的威力。

结果，往往变成安东尼在单兵作战，但是猛虎难敌群狼，该季开赛至今，节节败退是当然的结果，总教练丹东尼巧妇难为无米之炊，徒呼负负。

安东尼的建议

安东尼乃队中第一主力，他的建议肯定有点分量，因为篮球是团队比赛，总教练还得考虑场上5个人得同心才能协力合作，虽然他对林书豪这亚裔的哈佛小子能否激起啥涟漪，不抱什么高度期待。

"反正控球后卫这位置也得多一个人调节体力，就试试看吧！"总教练丹东尼心想。

于是，林书豪的最后机会终于出现了！

这个丹东尼总教练视为死马当活马医的姑且一试，加上安东尼随意的临门一脚，他们不知道，这可是林书豪跪求上帝无数次，引颈企盼，望穿秋水，好不容易得来的怒海浮木。

2012年2月4日，尼克斯队在波士顿客场遭遇凯尔特人队，林书豪第一次在首节还剩2分38秒，替补换下尚波特。

"我可以感觉我双腿发抖，心跳小鹿乱撞。"林书豪回忆道。

他身体肾上腺素明显急速分泌，在全身每一只细胞间乱窜，满脑想的是："希望这不是我最后一次机会！"压力蜂拥而至。

喔喔！一上场只想到这些，绝对不是好征兆！

林书豪的心魔

当人身处于高度竞争压力下，会大量分泌肾上腺素，这玩意儿让人又爱又恨，如果你能驾驭压力，把肾上腺素顺着全身经脉运行，则它会如"九阳神功"附身，让你神勇无比，此时压力是助力。

反之，当你患得患失导致被压力驾驭时，它却会让你肌肉紧绷，思维停滞，手脚冰冷，脚步沉重到跑步时都会脚绊脚呢！

果不其然，林书豪这场比赛，上场6分36秒，三投全失、两罚两中、拿2分、2个篮板、1次助攻、1次失误与2次犯规。赛后，记者问队上第二主力斯塔德迈尔（Amare Stoudemire）："林书豪这场表现如何？"

他淡然一笑道："嗯，so so。"确实不怎么样！

林书豪因为患得患失，无法驾驭心头沉重压力，又错失了一次珍贵的机会。

球技、体能可以透过苦练而进步，但是压力是心魔，解铃还需系铃人，外力的帮助极其有限。

林书豪的球技、体能、打球观念其实都准备好了，却冲不破这道心魔关卡，这心魔其实在他前一年的菜鸟年，就如孙悟空头上的紧箍咒，让他深陷其苦，让他打不出应有的水平。

日记血泪斑斑

"曾经因为媒体的舆论，及粉丝的关心，我急于想要证明自己，证明自己不是营销工具，证明我不是为了票房来打球，证明我可以在球场上有所贡献。但现在我知道，当上帝与我同在，我不需要管其他人的想法了。"林书豪事后回想道。

不只如此，放在心里没有说出来的，恐怕还有要证明哈佛毕业的不是只会读书，亚裔人种的也可以纯粹靠球技在NBA闯出一片天呢！

要证明的是这么多，难怪打出来的是那么少！于是，他沦落到垃圾时间球员，就是当球队在球赛尾声已经大输20分以上，才上来杀时间的。

2010年12月10日，面对第一次被下放发展联盟，当时，他心态非常不平衡，把它当成世界末日，在日记中他血泪斑斑地写道："这可能是我人生中最沮丧的时刻，我在球场上失去信心，我不会打篮球了，我不要再打了！"

2011年1月21日，他甚至赌气地写道："我希望我从未被勇士队签下！"

当下，他是被压力驾驭到如此沮丧。

"深陷压力之苦，搞到自己不会打球"。这其实不是林书豪才会碰到，也不是篮球员才会碰到，很多棒球投手严重到得了"投手失忆症"，祸根也是在此。信心不足、实力不够、负面思考、患得患失、缺乏胆气、想东想西等任何一个原因，都可能导致一个球员被压力驾驭。

如何化解心魔

那有什么良药秘方可以化解这心魔吗？

"找回打球的原本乐趣，放空自己，只专注在当下该做的事情。"这是最佳也最单纯的方法。

2012年当女子高尔夫球后曾雅妮在美国公开赛LPGA第一轮表现不佳时，她的良师益友前"球后"索伦丝坦（Annika Sorenstam）只叮咛她一句话："明天我要在球场看到你的微笑。"因为她认为曾雅妮的笑容很具感染力。

而她这句话的本意，就是要曾雅妮不要一味低头斤斤计较杆数，偶尔也要抬头看看蓝天，享受打球的原本乐趣，享受那高度竞争下所带来的压力。

心态则要凡事保持正面思考，想想，高度竞争下带来的压力很难受？但是换个角度试想，那如果一个高中生去和小学生打篮球，会好玩吗？一定索然无味，提不起劲。因为没有竞争压力嘛。

所以，竞争压力不是魔鬼，它反而是人生极大乐趣，我们习惯称克服压力的能力叫"抗压力"，笔者倒认为，不用去抗拒压力，抬头挺胸面对它，用心去感觉它、享受它，而不是排斥它、逃避它。

篮球之神迈克尔·乔丹（Michael Jordan）一生追求竞争，享受竞争，当他发现别人梦寐以求的冠军戒指，他却轻易不断得到时，失去了竞争的感觉，他老兄竟然中途跷行改打棒球，去追寻他另一个竞争压力呢。

那要修炼到驾驭压力，进而迈向能享受压力的境界，是否有"快捷方式"？

首先，你得先燃烧打球的原本热情，鼓动身上的肾上腺素，激起无惧斗志，正面迎战它！当你找到任何得意之作时，不要压抑心中的兴奋感，激情的表现出来吧！因为那可能是永远解开你心中枷锁的契机。

解放，只在自己一念间

解放心灵，有时就是这么简单，只在自己一念间而已。

人生得意需尽欢，咱们不时可以看到当球员做到一个漂亮切入，关键三分球，或适时"火锅"封阻时，球员捶胸顿足嘶声大叫，或和队友跳起肩碰肩、胸碰胸的互相鼓舞动作，或做出迈克尔·乔丹的招牌吐舌动作，那当下，即是进入"享受压力"的美丽境界。

在篮球文化中，这些夸张的动作都是被接受的，但是在成人的棒球文化中，却会被敌队视为挑衅。哪一个球员在打出全垒打时，心情不是爽到不行？偏偏跑垒时却得强压情绪，装出一副啥鸟事都没发生的冷漠表情，要是肢体动作太兴奋，甚至一个顺势的潇洒甩棒动作，都可能在下次打击时，遭到投手触身球报复。笔者个人看法，这实在莫名其妙，严重违反人性，也相当没有球品。

看看小学生的棒球比赛，当小朋友打出全垒打，跑垒时高兴的双手展翅做高飞状，那是一个多么享受比赛的画面，这才是真性情。

压抑、内敛充斥在棒球文化中，喜怒不可形于色，仿佛比赛是在比谁比较有资格当和尚，偏偏这运动比篮球更讲究细腻动作，更会受压力影响表现，压力无出口，暗爽得内伤，难怪会有这么多人得"投球失忆症"。

林书豪在他跨过心魔障碍后，回忆说："有时当你前面有座高山阻挡，你以为这座山高到比上帝还要巨大，不可能跨越过去。在勇士队的情况就是如此，我让许多不必要的压力加诸在自己身上，但是，现在我觉得我解放了 I am free！"

这不管要说是"解放"或"自由"的境界，即如佛家所说万物皆空，心无窒碍，尽情享受打球的原本乐趣。

5招 机会像流星

当我们看到别人飞黄腾达时，往往羡慕又忌妒地感叹："唉！我就是没那机运！"人一生当中能碰到伯乐来赏识的机会，的确千载难逢，可是，如果你不是一匹千里马，又哪里期待伯乐的出现呢？成功需要机运，但你得已经准备妥当，否则机会可是像流星般，一瞬即逝。

第 5 招 机会像流星

"没问题,今晚到我家和我同宿一晚,不过,不能同床喔,你只能睡沙发。"队友菲尔德(Laundry Field)爽快说。

2012年2月5日,球队拉回纽约将对战篮网,前一晚,林书豪的哥哥有客人在,他只好借宿队友菲尔德(Laundry Field)的沙发,这一张沙发比哥哥的沙发小,一躺下来,双脚冻在棉被外一大截,简直跟睡在小龙女的"千年寒玉床"没两样,让他辗转反侧很难入眠。但是在他最落魄时,好友雪中送炭,床虽冷,情却热。

在这生死关头,他躺在沙发上呆看着天花板,反倒冷静下来,开始反省自己为什么又再次挫败。

"我觉得我有能力做到,为什么打不出来?为什么一上场身体和脑筋就好像透逗了?"

"投三个外线,一个都没进,难怪丹东尼教练又把我换下来。为什么我就是打不出我的节奏?"

"千年寒玉床"灌顶

不禁,别人对他的耳提面命,在他脑中一一浮现。

爸爸说:"抛开一切得失杂念,最重要的是要享受打球的原本乐趣,尽力表现你最好的实力,结果会是如何,就交给上帝吧。"

妈妈说："相信自己！"

山景城牧师陈光耀说："相信上帝的安排，不要只在乎眼前的结果。"

"相信自己？我有什么可以相信自己？我有什么优势呢？"林书豪在脑中搜寻他的优势，来说服自己有能力做到。"他的优势其实不少：

1. 有一双快腿。
2. 有攻击禁区的破坏力。
3. 有坚强的求胜意志。
4. 有哈佛毕业的大脑，来执行丹东尼千变万化的挡拆战术。

没错！他有能力做到！失败者没有资格牵托，不怪教练没给他足够上场时间，不怪别人戴着有色眼镜看他的亚裔身份。别人怎么看他，他无法掌握，唯一能掌握的就是自己，只要管好自己那压力心魔，就万事OK了！

"当全世界没有人相信你时，相信自己！""我一定一定要放开打，享受比赛，融入比赛！"

林书豪躺在菲尔斯的沙发暗自发誓。他人格特质的自省能力，适时发挥功效，正视缺点，找出解决办法。

完美的一天

当夜，他在菲尔德的沙发上又做了一个梦：

他一夜好眠睡到正午，太阳晒得他屁股暖烘烘，才在窗外悦耳的鸟叫声中醒来。

哈佛小子
林书豪赢家心法

中午，痛快吃了一顿他的最爱——鸡翅大餐。

下午，一到麦迪逊广场，球场管理员笑容可掬地对他打招呼："Hi, Jeremy！这么早就来练球啊！"

一进球场，"甜瓜"安东尼在老远地方看到他，就热情地迎向他说："Hi, buddy, 今天这场球赛，总教头打算派你当先发喔！"说完就和林书豪击掌加油。

其他队友也相继主动和他打招呼，并互相鼓励。他心中有着很踏实的归属感，他是队上不可或缺的一员。

球赛一开始，当现场主播高喊："Jeremy Lin……n！"尾音拉得激动高亢。

就在全场起立大声欢迎声中，林书豪惊醒过来。

揉揉眼睛，发现他的脚丫子露在外面，冻得像两只冰棒，赶紧缩脚入棉被，可是这一动，又发觉全身腰酸背痛。唉！这张沙发实在又短又难睡。

很想赶快再入眠，继续进入这美丽的时空梦境，可惜，已经毫无睡意，赖在沙发上沉思片刻后，叹了一口气缓缓自语："天啊！那真是完美的一天啊！"

上帝，帮帮我吧！

2月5日对篮网一役，离第一节终了还剩3分35秒，林书豪再度被丹东尼总教练叫上场。

他心头一阵雀跃，快步跑到中线旁等待上场，理理衣裤，调整一下双手的橘色手环，确定一下它的存在。

这手环可不是耍酷的装饰品，而是他的信仰，手环上刻着"In Jesus Name I Play"，他曾说："信仰是我面对困难时，最大的喜乐和勇气来源，帮助他走出低潮，重新找回对篮球的信心。"

他表情仍然显得不安，但是强自压下紧张的情绪，告诉自己："如果这是我NBA生涯的最后一战，那就放手一搏，好好享受比赛的乐趣吧！上帝，帮帮我吧！"

当时比分20比16，尼克斯落后4分，第一节尾声，林书豪似乎仍然打得碍手碍脚，在场上只做分球的工作，不是在组织进攻。可是，丹东尼总教练似乎铁了心，第二节仍然派他上场。

离第二节终了还有11分钟时，林书豪运球刚过中线时，防守者已趋前逼上来，队友道格拉斯面对他，站在右边三分线外，他余光一闪，整个右边禁区空出来，这个现况正是丹东尼的挡拆战术中，使用"往接球者同边空切"的好时机。

林书豪毫不犹豫将球传给道格拉斯后，立刻快速往他的右侧空手切入。这个进攻战术简单实用，常常会在丹东尼的挡拆战术出现。

顺手牵羊——往接球者空手切

本招式使用方法需掌握以下几项布阵：

1. 控球者沿着右侧运球。

2. 右侧队友一人（道格拉斯）站在三分线外，一人（斯塔德迈尔）站在三分线中间位置，其他队友全部站在左侧，在人盯人防守下，整个右侧禁区势将空出无人。（走位图1）

3.（走位图2）这时持球者道格拉斯，可以传球给空切的林书豪（如箭头1），并顺势挡掉林书豪的防守者，也可以佯传却立刻右转往中间切（如箭头2），这时站在三分线中间的斯塔德迈尔则可以帮他挡下他的防守者，并顺势往禁区切（如箭头3）。

骑马射箭
顺手牵羊
招式心法 往接球者空手切

（走位图1）

道格拉斯

执行Apple战术！

收到！

第5招 机会像流星

（走位图2）

这次先给Jeremy表现一下吧！

1

2

3

斯塔德迈尔

我来帮你单挡！

顺手牵羊

招式心法 往接球者空手切

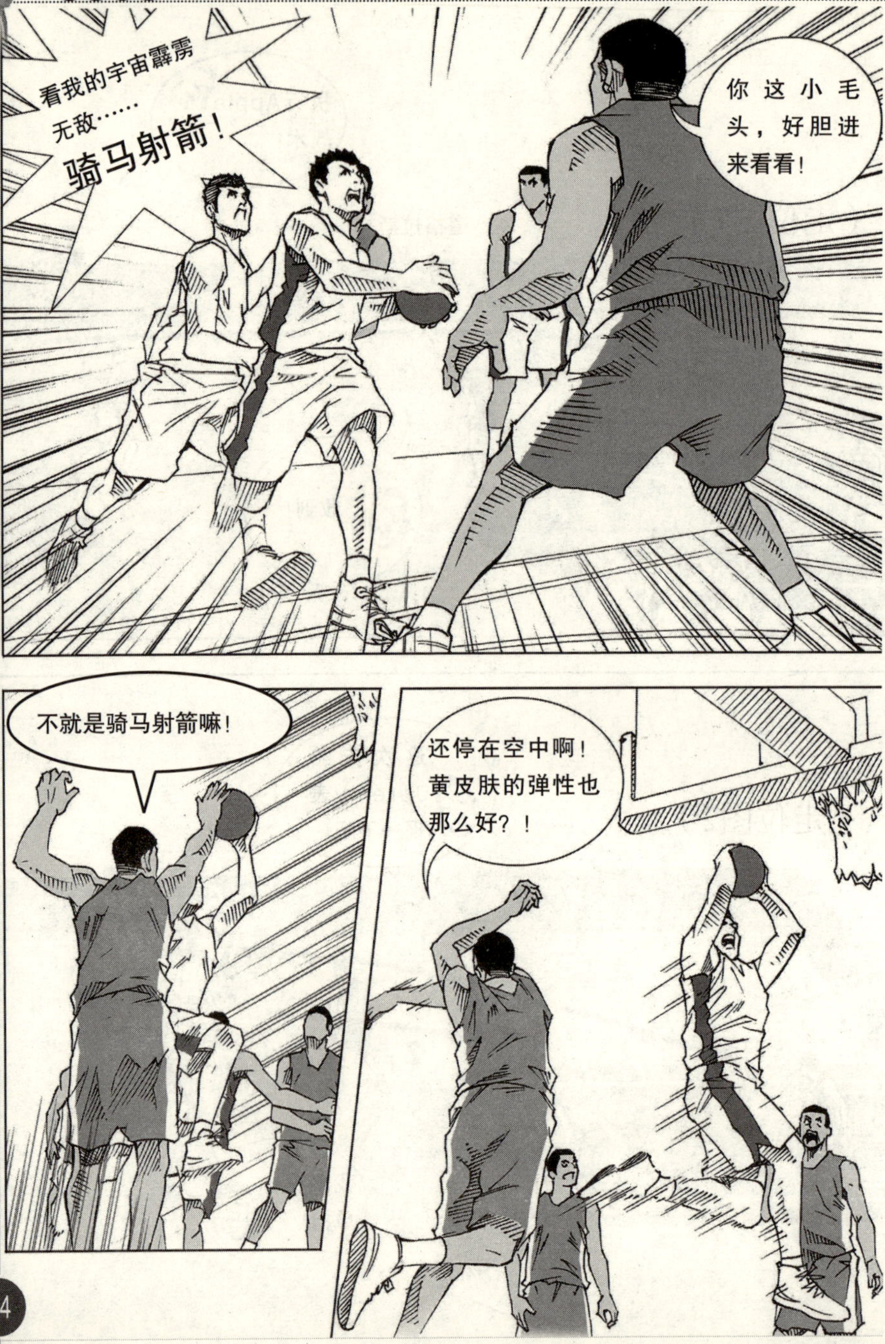

第 6 招 勇于挑战 No fear

千盼万盼的机会降临在林书豪面前，这个机会大门犹如一个时光隧道，只在瞬间开闭，错过了，他就永远留在人世间当个凡人，林书豪的球技早已准备好了，最后就得靠自己的意志克服那压力心魔，勇于挑战它，无惧地面对它，穿得过，就海阔天空任他遨游。

That's it!
我抓到感觉了！

第6招 勇于挑战

"原来他的滞空能力那么强！"

前面，林书豪一个简单地三步上篮骑马射箭招式，但是他在空中拉竿直到防守者即将从空中落地才出手得分的动作，让全场球迷眼睛为之一亮。

一直以来，他那黄皮肤的印记，往往得忍受别人莫名其妙的怀疑，明明打得虎虎生风，但是不管是球探、球员、教练或观众，往往冷不防地就来一句："嗯，他比外表看起来还要敏捷喔。"

这种类似的话，林书豪听多了就变得有点倒胃，有时他会顶回去道："你这话什么意思？我长得一副行动迟缓的样子吗？"

在NBA的世界里，从来没有一位黄种人能不靠身高，单凭球技就能稳稳占有一席之地，所以，在老美的刻板印象中，亚裔的篮球员跑不快跳不高，球技和打球观念也没得比。

林书豪急于去证明这是错误的看法，可是，当他把这责任背在自己肩膀上，把自己推到那创造历史的风口上时，压力倍增，越急越打不好，越打不好，就越没有证明的机会。

不仅如此，就连他出身哈佛大学的资历，也饱受质疑。总统级哈佛经济系高分毕业的资历，到一般企业面试，那可是金字招牌，无往不利，可是当他选择走NBA这条路，却到处碰壁，不管球探、球队经理到总教练，心中共同的想法："虽然他在哈佛这第二级的NCAA表现不错，不过和第一级的NCAA比，竞争性毕竟有段距离。"

英雄不怕出身低，就怕没有勇气挑战。

所以，这个拉杆骑马射箭，秀出他的弹跳能力，一吐他在NBA一年的闷气，而且，更重要的是，他漂亮地发动了丹东尼总教练"七彩挡拆战术"中的一招"顺手牵羊"，走位流畅，挡拆效率奇佳，这就是丹东尼心目中所要的控球后卫！

七彩挡拆大法

有人称丹东尼是设计挡拆战术的天才，他的"七彩挡拆阵法"早就名闻天下，江湖盛传他手中至少有七七四十九种不同挡拆走位战术，两仪生四象，四象变八卦，每种战术又会延伸不同变化，让对手眼花瞭乱，满头雾水，战术只要确实执行，阵法的威力就如同全真教的"天罡北斗阵"，布阵中的五个球员有点石成金之效，个个变成攻无不克的武林高手。

但是，也因阵法变化多端，它需要一位头脑冷静又高智商的发号令者，也就是控球后卫，他必须依当下对手的防守布阵，以及队友最擅长的攻击方法，立即挑出一项最适合的攻击战术，这种能力我们称它为"解读球赛能力"。

至于是否能很有效率执行这最适合的战术，这种能力我们称它"执行力"，牵涉面更广，它需要的是高EQ。

在NBA盘起球来如影附身，运球切入华丽又犀利的控球后卫，街头随便掉下一块招牌可能就砸到一个，但是又兼具高超解读球赛能力和能确实执行战术的人，却变成稀有动物了。原因就在于解读球赛的能力，是用脑袋不是用身体，头脑冷静才能对场上现况一目了然，高智商的人则比较容易立即挑出一项最佳战术，就因为要集这么多条件于一身很不容易，所以这种人很稀有，到目前为止能把丹东尼这套复杂的挡拆体系，发挥到十成功力的控球后卫就这么一位，他就是当丹东尼执掌凤凰城太阳队时，他旗下的纳什（Steve Nash）。

林书豪一手导演了丹东尼的一个挡拆战术，并以一个漂亮的骑马射箭当收尾后，心虽暗爽但仍是一脸严肃样，快速回防。

他今天是抱定决心，抛开一切自己加诸到自己身上的压力，放胆接受挑战，只专注在眼前的场上动态，尽情享受这竞争的乐趣。

一回头，发现对方运球者已攻到他面前，一个快速晃右切左运球，就要往林书豪的左侧切入禁区。他好整以待，亮出一招"腋下偷桃"的抢断招式。抄到球，立即发动快攻，传给右侧的道格拉斯。

短短不到10秒时间，他得2分1抢断1助攻。这才是他本来的实力！似乎，他已经抓到了比赛节奏了。

第 7 招 跟着感觉走

不管打什么球，或是日常工作生活，每个人都有他习惯的节奏，这节奏就像音乐的节拍，你或许有绝佳音色和宽广的音域，但是当你抓不准节拍，一样会让你唱得荒腔走板，反之，噪音就变成天籁之音。

第7招 跟着感觉走

"我好像抓到感觉了!"

林书豪一球在手,他感觉全身经脉运行顺畅,视野清晰。

对篮网之役第二节,尼克斯队从20比32落后,打出一波小高潮,把比分直追到28比33,尼克斯队得到的这8分,几乎全部是经林书豪之手完成的!

而这一切是那么轻松自然就发生了,一点也不勉强,一点也不拖泥带水。

林书豪仿佛突然变了一个人!不再是畏畏收缩,而是表情很笃定地掌控了球赛。

为什么?到底发生了什么事?

因为,他终于抓到他比赛的节奏了。

打球节奏

什么是打球节奏?为什么常常听到球员在强调"节奏"这两个字?

每个球员都有他们擅长的攻击招式,及习惯的攻击方法。以尼克斯队员为例,"拳王"钱德勒和杰弗里斯(Jared Jeffries)擅长篮下接球正面攻击篮筐,"阿妈"斯塔德迈尔(Amare Stoudemire)擅长在禁区边接球同时三步上篮,诺瓦克(Steve Novak)擅长在三分线外接球原地跳投,"甜瓜"安东尼则擅长以个人高超单打技巧,自己运球制造机会自己得分。

当他们在最拿手的位置很顺地接球后,也就很顺地使出他的拿手绝活得分,这里所谓"很顺"的意思是最符合他们的动作惯性。

而整个运球、过人、传球、接球、上篮过程,球员在跑动中,如果可以感受到那股熟悉的韵律感,这就是打球节奏。抓到了那节奏,就很容易发挥你本来就有的实力;抓不到,就可能打得离离落落。

这样讲如果还是太抽象,就举个例子吧!当你去KTV唱歌,点到了一首不熟的歌曲,你或许有绝佳音色和宽广的音域,但是当你不确定整首歌的节奏,和下一句到底要跑出什么歌词时,一样会让你唱得荒腔走板,但是多练几次,熟悉了节奏和歌词,噪音就变成天籁之音。打球也是一样,所以我们说熟能生巧。

那总教练在进攻方面的最大责任,就是设计出来的战术,能把每个球员最擅长的得分方法发挥到最大。

本招"调虎离山"就是以这基调设计出来的挡拆战术。

杰弗里斯的单挡让林书豪的右切路线无障碍,而且林书豪右切后的攻击或助攻能力比较强,再则杰弗里斯单挡后的空切,等待接球后直接正面攻击篮筐也符合他的特长,于是他们二人共同表演了一次干脆利落的挡拆战术(如走位图)。

调虎离山—挡拆—中间突破

尼克斯队摆出空出禁区的阵势,杰弗里斯站中路三分线旁,准

哈佛小子
林书豪赢家心法

备趋前和林书豪一起策动挡拆战术。

使用要诀：

1.2. 林书豪以左手运球，左脚一个大跨步诱敌假切左，左脚着地；同时换手运球往右切。

3.4. 单挡后，林书豪运球向原本守杰弗里斯的人逼进，迫使他不得不移防，立刻地下传球，让杰弗里斯有空当可出手，是谓"调虎离山"。

注：挡拆战术英文叫pick and roll.

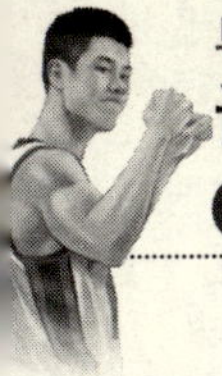

单挡右切地下传球

调虎离山

招式心法 以己当饵，见缝插针

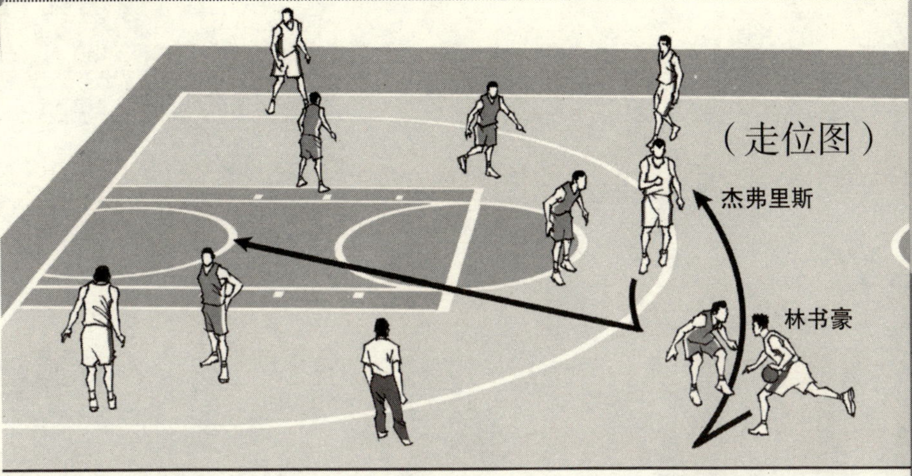

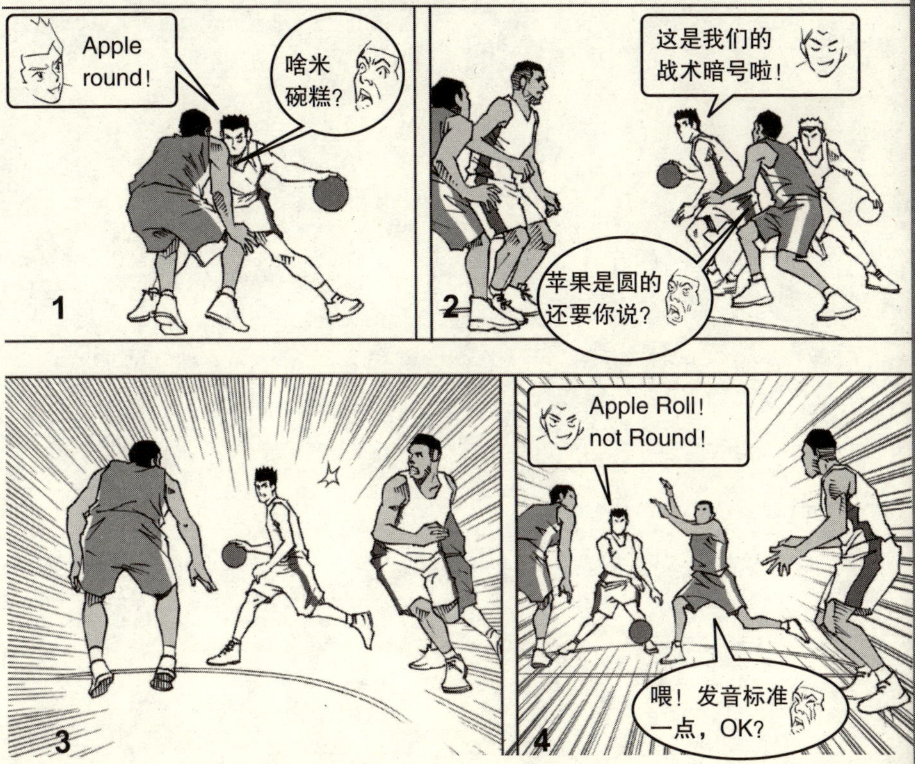

8招 找回笑的感觉

原本开朗逗趣的个性，自从闯入这犹如毒蛇猛兽丛林的NBA，他失去了人生最大的意义——快乐，他忘记笑是什么滋味，什么名？什么利？什么实现自我？没有快乐，什么都失去意义，现在……终于，他找回笑的感觉。

第8招 找回笑的感觉

奇迹出现了！

2月5日对篮网这场球赛，当林书豪找到了他的打球节奏后，越打越顺，压抑在内心许久的郁闷瞬间释放，而这爆发出来的能量之大，连他自己都不敢相信。

这绝地大反弹就在第二节开始爆发，满场纽约观众瞠目结舌，以惊讶的眼神盯着这个不知道从哪里冒出来的小子，开始左右询问他到底是何方神圣，怎么满场都有他的身影？

林书豪来尼克斯队打球也有一段时间了，一直好像深宫怨妇般，没人理睬无人问，当他是一个隐形人，堂堂一位NBA正牌球员，连要进入这纽约麦迪逊广场的球场，都曾被大门管理员挡驾，被误认是闲杂人士不让他进入，哇咧什么碗糕，糗毙了！

如今，总算有人正眼看他一眼了。

这爆发持续加温，第二节剩1分40秒，尼克斯队场上五人一字排开，布下"混元一气阵法"（图1），林书豪埋伏在最里面的第一人，昨天晚上让他借宿沙发的菲尔德（Laundry Fields）持球在最前面。

混元一气阵法

1.2. 使用要诀：此阵法开始发动时，林书豪沿外围跑到中线接球，中间三人"甜瓜"安东尼、杰弗里斯、"拳王"钱德勒则分别在林书豪跑动路线设下单挡关卡。

3.当对手补位迅速，已经挡住了他往左切入的路线，他立即执行此阵法的B计划。

B计划是：

1.钱德勒再来帮他做单挡，制造他右切的空当，并挡了就往禁区切。

2.杰弗里斯同时帮甜瓜安东尼卡位，安东尼伺机往右侧45°角走，或往底线走。

林书豪这时有四种执行此战术的选择：

一、有机会可就地跳投。

二、空中吊给钱德勒，让他在接近篮筐处，空中接球直接灌篮。

三、如果钱德勒的空切吸引守菲尔德的防守者往禁区补位，也可回传菲尔德。

四、杰弗里斯同时帮甜瓜安东尼卡位，如果安东尼往右侧45°角走，也可传给他。林书豪一看钱德勒的得分机会最大，毫不犹豫立刻空中吊给他。

钱德勒身长216厘米，在地面打，他天下101名，但是在天空打却是"叫我第一名"，空中是他最大优势，他空中抓到这绝妙传球，第一时间灌篮得分，和林书豪共同演出扣人心弦的Alley—oop。比分追成46比46。

钱德勒着地后，一点都不想掩饰心中兴奋之情，顺势亮出他招

哈佛小子 林书豪赢家心法

牌的泰山式河东狮吼，全场球迷再也坐不下来，激动的起立大叫。

"What a beautiful pass！"现场电视转播员激动地喊出来。

从第一节开始，尼克斯队一路被压着打，现场球迷原本失望得像条死鱼般，冷眼看着球赛，以为这不过又是另一场尼克斯的连败，但是他们突然见证了一个奇迹，亲眼目睹一个从天而降的小天兵，一次又一次的精彩演出，一次又一次的挑动他们的视觉神经，到第二节末，竟然追平了比分。

林书豪他那一直肌肉紧绷的脸，终于露出兴奋的微笑。

因为钱德勒的夸张兴奋动作，也因为现场观众的喝彩声，更因为满意自己这漂亮的传球。

蓦然回首，他打NBA这一年多来，就如他在日记所写，基本上就是只有汗水和泪水相伴。这时才惊觉，这竟然是他在NBA场上，第一次发自内心的欢笑。

原本开朗逗趣的个性，自从闯入这犹如毒蛇猛兽丛林的NBA，他失去了人生最大的意义——快乐，他忘记笑是什么滋味，现在终于……终于，他找回笑的感觉。

一想到往日种种，在他的笑容里，突然一股辛酸参杂在其中。

单挡右切高吊

混元一气阵法

招式心法 纵观全局，随机应变，边走边化，边化边打

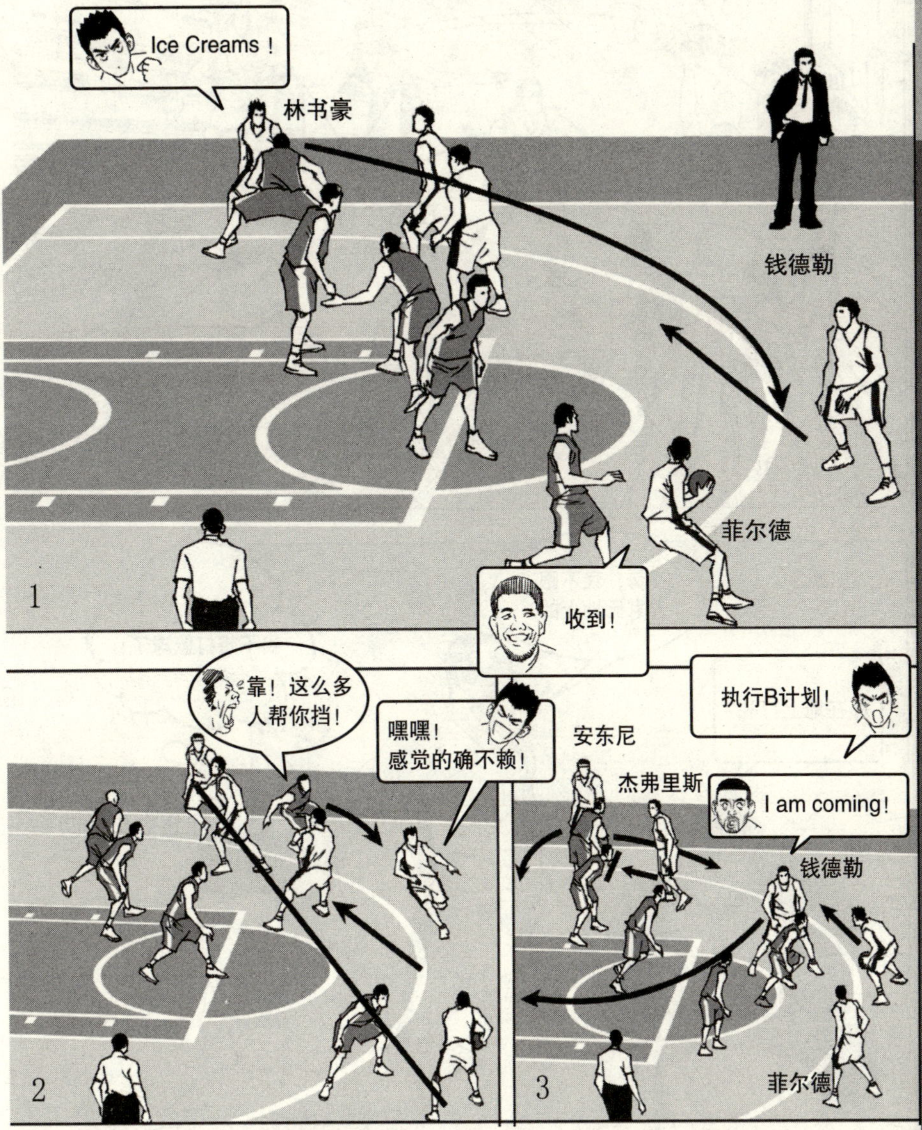

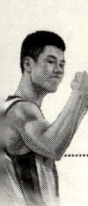

混元一气阵法

招式心法 纵观全局，随机应变，边走边化，边化边打

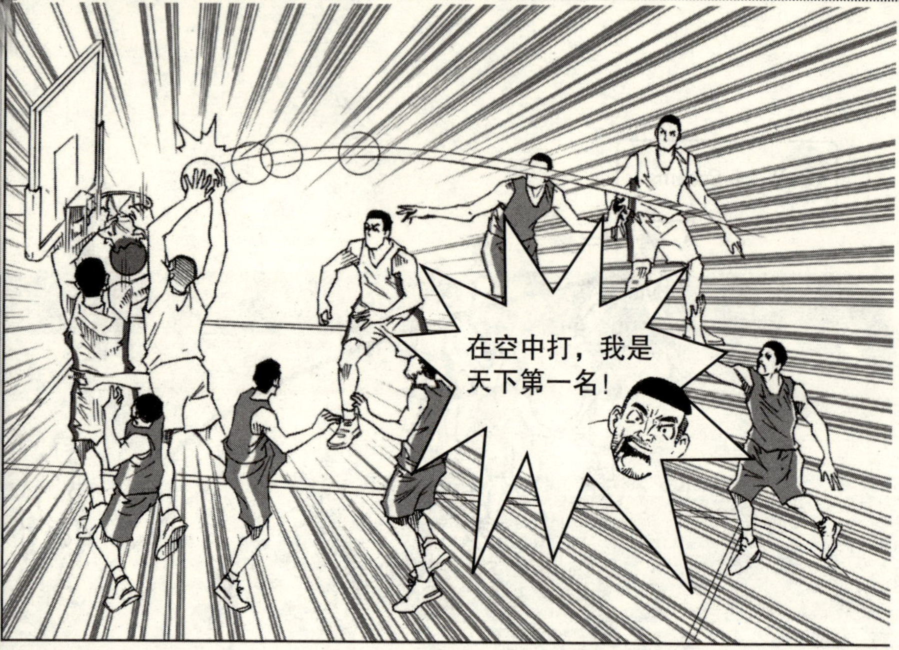

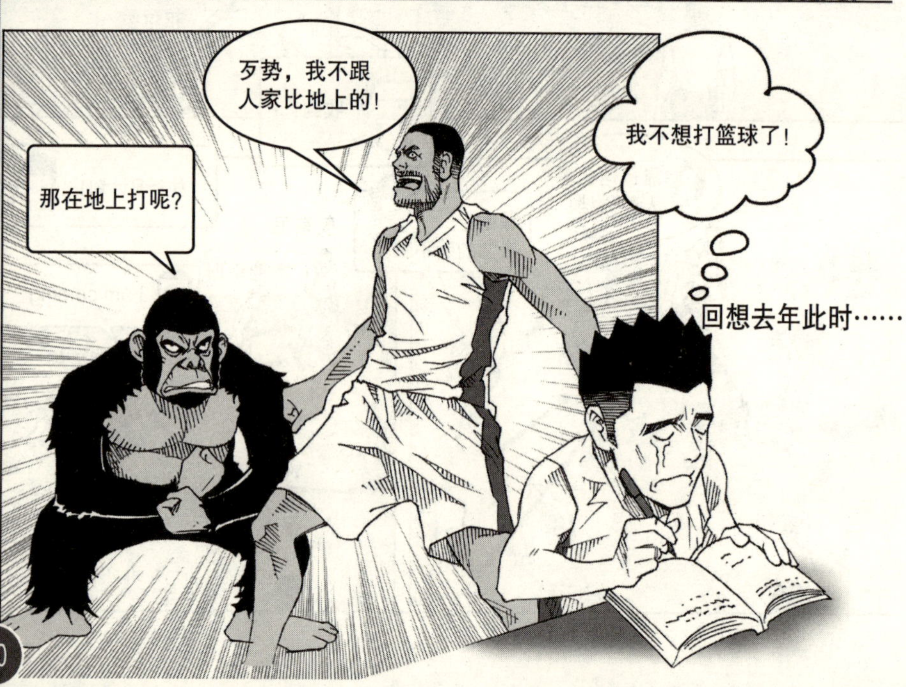

9招 莫叫人生留遗憾

> 因为不简单，梦想才够夯，
> 因为不放弃，梦想才神气。
> 梦想人人有，成真知多少，
> 若是仅空想，梦想归梦想。

> 小子，换我来好好照顾你。哦，对了，赛后我带你去验一下尿。

第9招 莫叫人生留遗憾

"This is Jeremy show！"现场主播干脆直接点名，这是林书豪的主秀。

中场休息时间，现场主播问球评："这到底是哪门子的玩笑？尼克斯队阵中名将如云，却靠这默默无名的小伏兵来挽回战局？"球评的回答，重点就是一个字：Incredible！不可思议！

不只他们不相信他们所看到眼前的事实，恐怕连林书豪本人对这巨大的转变，也如身入五里雾，摸不着头绪，他只是强烈感觉到，身后有一只手在帮助他。

篮网队总教练一看苗头不对，进入第三节就特别指派阵中第一大将威廉姆斯（Deron Williams）重点看管全身上火的林书豪。

威廉姆斯乃当今天下五大控卫之一，攻守皆一流，篮网换他去专人"照顾"原来默默无名的林书豪，算是很给面子了。

但是，林书豪那把尘封一年多的倚天剑，好不容易才拔出鞘，不好好大杀四方一下，哪肯就此罢了。换威廉姆斯来守他？来得正好！既然要证明自己，就跟对手第一主将来个正面交锋，赢在敌队最利的刀口上，此乃最致命的打击。

就在今晚，好好一次证明个够吧！林书豪沉住气，等待最佳时机。双方分数紧咬，形成拉锯战，不过大部分时间仍然是篮网队领先，在离第三节终了还剩5分多钟，比分58比57，尼克斯队落后1分。

林书豪运球从左侧刚过中场，威廉姆斯就趋前逼了上来，钱德勒站在中路三分线旁准备罩他，其他三名队友，第一主将安东尼让出主秀舞台给林书豪，一个人远远躲到左侧底线，其他两人杰弗里斯和菲尔德则站在右侧边线旁，空出了整个禁区。这阵势摆明了就要给林书豪和钱德勒两人再次表演一下"双人枕头"的挡拆秀。

机会来了！

瞒天过海——Alley—oop挡拆秀

使用要诀：

这招"瞒天过海"的挡拆秀，再简单不过，林书豪一看钱德勒已在他的右侧设下单挡关卡，一个箭步，拔腿就往右切。

有机会就收球在原地急停跳投。没机会就继续运球往禁区深入，以吸引原本守钱德勒的人移位补防他。

果然，守钱德勒的人不得不移位补防他，挡了就往内切的钱德勒在禁区露出一个大空当。林书豪当机立断高吊传球，钱德勒在空中抓到球，第一时间又是一个宇宙超级无敌空中大轰炸。尼克斯队分数再度超前变成59比58。队友和现场球迷被他们两人的绝妙配合搞得疯狂又跳又叫。

突然间，林书豪从深宫怨妇变成全场注目的焦点，他得到了观众的喝彩、队友的激赏，甚至对手的重视，这些，不正就是他梦寐以求的吗？不正是他急于证明给别人看的吗？

哈佛小子
林书豪赢家心法

就这么转眼间,梦想成真。林书豪深吸一口气,确定一下这是真实的,也顺便品尝一下梦想成真的空气是何味,天啊!它让人一阵酥麻,充满喜悦。因为不简单,梦想才够夯,因为不放弃,梦想才神气。

Alley—oop挡拆秀

瞒天过海

招式心法 招蜂引蝶，制造优势，空中接力，以大打小

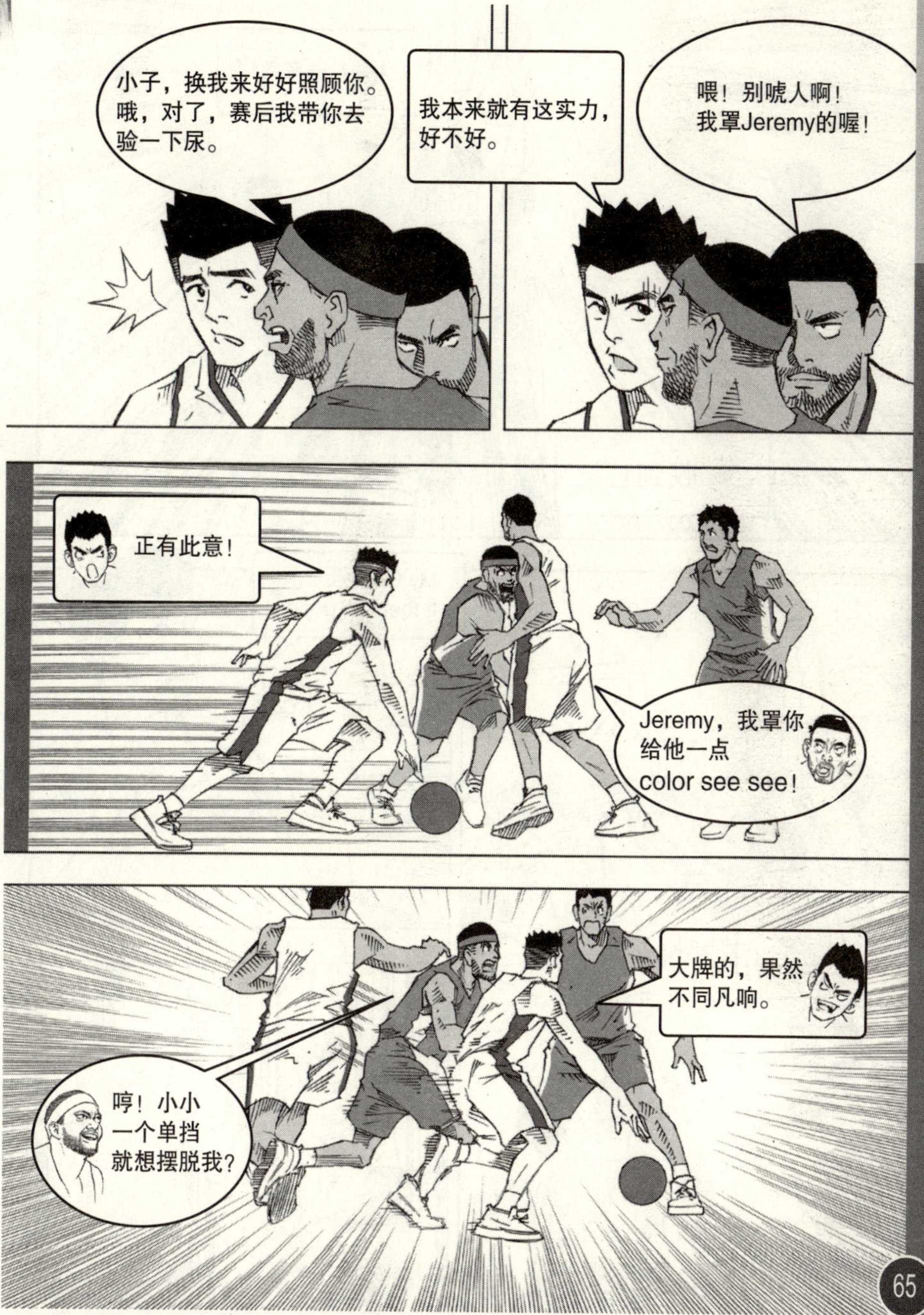

Alley—oop挡拆秀

瞒天过海

招式心法 招蜂引蝶，制造优势，空中接力，以大打小

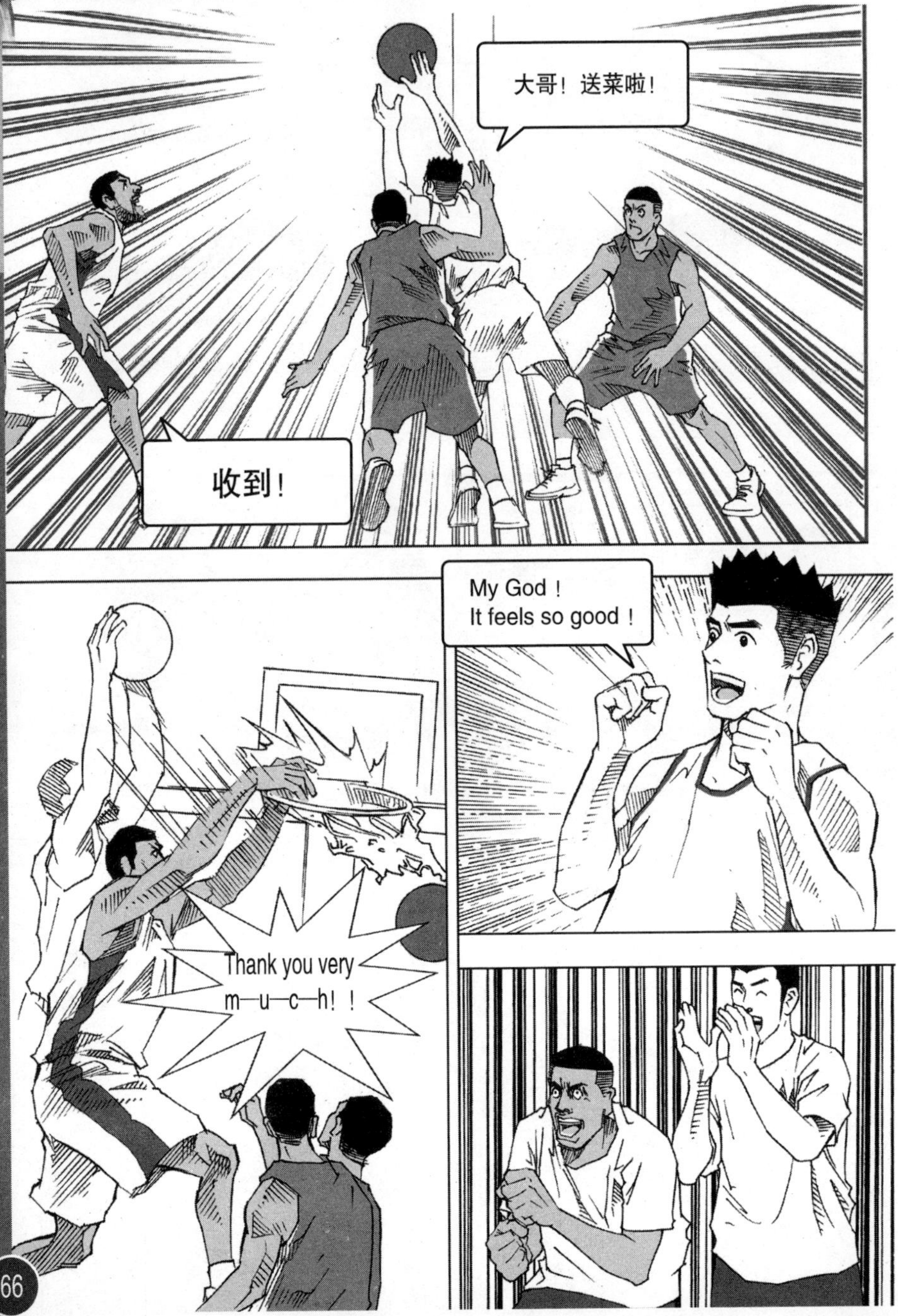

*10*招 球不会说谎

球不会说谎,你越有自信,球就越听话;越没自信,球越跟你唱反调。

人生难免有低潮,深陷低潮漩涡时,让人不再相信自己,不相信自己有能力突破现状,这时,你得多想想自己的优点,其实你并没那么糟。林书豪也曾在球场上失去自信,他的方法:"尽可能提醒自己,从小开始打球就是很好的球员。"

第10招 球不会说谎

　　林书豪和钱德勒两人演出的那招"双人枕头"Alley—oop，为什么那么管用？

　　一点儿都不侥幸，林书豪有一双快腿，又擅长右切后的传球，钱德勒的空中优势，放眼天下，仅有"魔兽"霍华德（Dwight Howard）足堪刃其锋芒，各取其长，攻彼之短，天作之合啊！

　　然而，篮网不是省油的灯，并没有因林书豪和钱德勒的精彩Alley—oop，就失去斗志，立刻又强力反扑，把比分超前为66：59。

　　原因之一是，威廉姆斯（Deron Williams）修正守林书豪的方法。

　　他一看林书豪这毛头小子，切入破坏力似乎像是有那么一回事，于是多退一步守他，放他投外线，专堵他切入。这招似乎见效，林书豪在这期间，突然凭空在外线有两次大空当，他起身就射，却都未能投进。

　　他非常在意这两次的失投，也动摇了他那刚刚恢复但仍然脆弱的信心，为了针对他外线还不够准的缺点，去年暑假他闭关苦练的功课之一，就是特别商请投篮教练薛普勒（Doc Scheppler），修正他的出手姿势、技巧和整个投篮节奏，但是，平时再怎么苦练，敌不过临场的缺乏自信。

他外线第一次失手时，就有点不好意思，只因他自认是队上妾身未明的小角色，不应该如此花掉尼克斯队的一次进攻机会，第二次外线空当时，他硬着头皮起身再投，在心虚的心理状态，结果可想而知。

球不会说谎，你越有自信，投出去的球就越听话；越没自信，球越跟你唱反调。

他忘掉了投篮教练薛普勒（Doc Scheppler）教过他的一个观念："别让一次外线失手影响到下次投篮，反而要这样想，你只投不进一球，下次一定会进！"用比较阿Q的方式来解释这句话，反正你的中距离跳投，再烂总也有三成的命中率吧，第一次没进，第二次再投的命中率不是大幅提高了吗？

总归就一句话，正面思考，相信自己！出手投篮一犹豫，在没有信心状态下，反而会导致姿势不协调，手腕肌肉紧绷。

林书豪在当下了解技术的问题，无法临场说改就改，外线投篮没信心也没办法立刻克服，那怎么办呢？

"那就暂时继续用最有把握的切入来克敌吧。"

这是聪明的决定，在手感欠佳、信心不足的状态下，先从最拿手的部分下手，也是建立自信和恢复手感的好方法。

但是威廉姆斯退后一步守他，防止他切入，怎么办？没问题，林书豪亮出本招"僵尸移位－右切式"，就是专治这种防守方法。

僵尸移位—右切式

使用要诀：

运球双脚同时凌空跃前逼进对手，气凝丹田，形似僵尸移位，左脚先着地，左肩瞬间左晃，但立刻发劲往右喷出，口诀是"点左切右"。

走位图

林书豪在三分线外右侧45°角运球，威廉姆斯重心压低离他两步远，防他切入。

1. 林书豪运球逼近威廉姆斯，这时钱德勒移位到威廉姆斯的右侧准备设下单挡，让威廉姆斯下意识误以为林书豪是要左切。

2. 这时，林书豪气凝丹田，双脚跳前逼近威廉姆斯，亮出他的拿手绝技僵尸移位，左脚先着地，左肩同时往左晃，但左脚着地后立刻发劲往右喷出。左切虚招来势短促凶猛，把威廉姆斯骗得竟飞身往钱德勒身上冲。

3.4. 晃过威廉姆斯后，篮网的其他球员回补不及，让林书豪如入无人之境，直捣黄龙。威廉姆斯回防试图打掉林书豪的球，但反而让林书豪小账加一，球进又加罚。

尼克斯队一下子把比分拉近成62∶66，只落后4分，全队士气为之一振。

他顺手往篮架护板大力一敲，因为他很在乎之前的两次外线失投，借此一掌，以激励自己的斗志。

右切式一点左切右
僵尸移位
招式心法 凌虚飘行，跃前逼进，点左切右，劲吐瞬间

（走位图）

第 *10* 招　球不会说谎

1　哈哈！小子！原来你根本没外线嘛
　　是吗？
　　喂！别抱这么紧！裁判！性骚扰算不算犯规！

2　好！我就证明给你看！

71

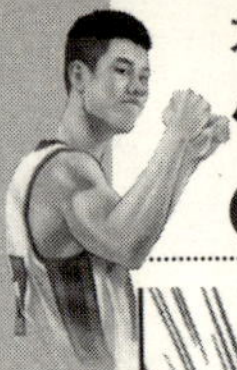

右切式—点左切右

僵尸移位

招式心法 凌虚飘行，跃前逼进，点左切右，劲吐瞬间

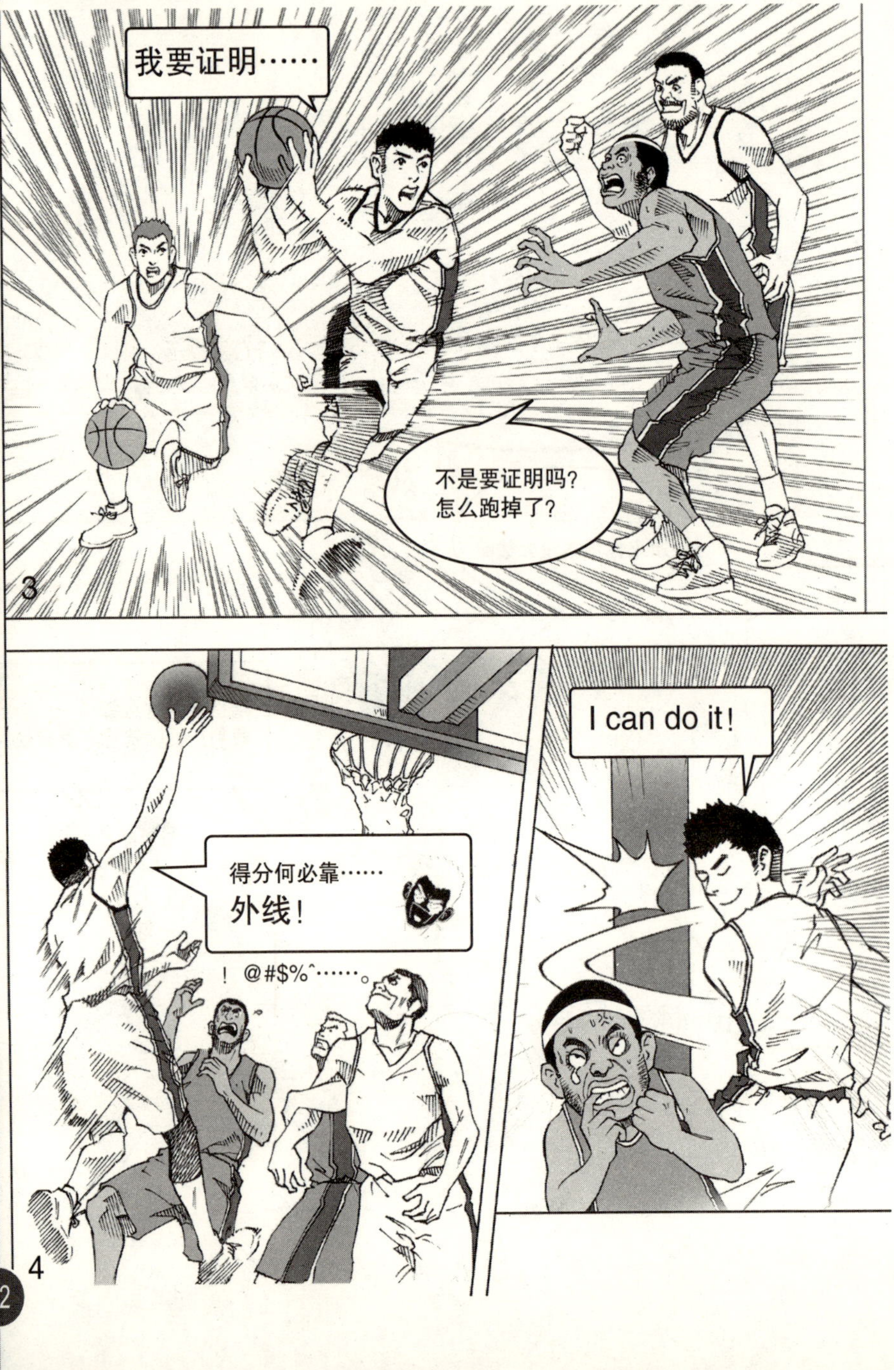

11招 求胜斗志的神奇魔力

强烈的求胜斗志有一种神奇魔力，它会催化身体的肾上腺素，忘掉心中负面杂念，强化自信心，全神贯注在球场每一细节上。在高手对决僵持局面，输赢往往就看谁对胜利的渴望比较高。在课业或就业上也是如此，"好胜心"往往会转化成动力，反映在成绩和就业态度上。

第11招 求胜斗志的神奇魔力

挣脱出压力心魔这紧箍咒的林书豪,像一只破茧而出的蝴蝶,灵魂解放,心湖感觉到从未有过的冷静,他感觉可以海阔天空,遨游四方,可以完成任何他想要的事情。

和篮网之战已进入第三节读秒时刻,尼克斯仍然是一路苦追,能否迎头赶上进而逆转得胜的关键,除了个人球技和团队战术之外,往往取决于球员本身的心理素质,也就是是否有强烈的竞争意识和赢球欲望,因为再好的战术和球技,还是要靠人去执行,在高手对决的僵持局面,输赢往往就看谁对胜利的渴望比较高了。

就在这关键时刻,林书豪让纽约麦迪逊广场的球迷,见证了他另一项人格特质——求胜斗志。

这个特质,他从小就显露无遗,只是进入NBA后,一来因为压力关系,自缚手脚,二来也没有机会凸显出此特点。他在哈佛大学时,总教练艾默肯就对他下这么一句评语:"他的优势在于是极具竞争意识,虽然有些技术很有进步空间。"

饥饿会产生动力

"想赢"和"非常非常想赢",差别是非常不一样的,当一个人处在极度渴望胜利的心理状态,身体会大量分泌肾上腺素,让人浑身是劲,极度专注,从中激发出来的潜能,甚至能创造奇迹。

我们常常看到职业球员，当他面临重换新约的那年，往往表现特别突出，可是一旦签了一张多年肥约后，却马上就打回原形。或是两个实力相当的网球选手，在冠军战遭遇，一个已拿多次冠军，另一个却屡屡失之交臂，那场争霸赛，你会看到那个从未得冠军的球员斗志特别高昂，因为他更渴望那场胜利，这就是"饥饿会激发动力"的道理。

细数NBA称得上"伟大"的球员，几乎都有这种人格特质，尤其是"篮球之神"迈克尔·乔丹（Michael Jordan）最让人动容，他在1997—1998年球季率领芝加哥公牛队和犹他爵士队火拼总冠军，两军第5战最为经典，他突然身染重感冒（他的训练师认为是被蓄意下毒），严重脱水，全身乏力，一般球员早就挂病号打点滴去了，他却硬撑到底，依然狂杀38分，这种斗志感染全体队友，最后以90比88险胜爵士，赛后他瘫软在皮蓬（Scottie Pippen）怀中，"一代球王"的超强求胜意识，令人动容。

这种痛恨输球感觉的人，往往除了他最擅长的球种外，在各方面只要可以比赛高下的，也会正经八百地竭力求胜。乔丹在平日悠闲时，跟他的老友"恶汉"巴克利（Charles Barkley）打高尔夫球，常常非得加味小赌一番，以增加竞争意识，结果也常常打得脸红脖子粗，这就有点伤脑筋了。

Jeremy Lin Show！

"非常非常想好好表现，并为球队赢球！"

林书豪就凭着这强烈的企图心，到了第四节，他几乎只手接管了球赛，变成名副其实的"Jeremy Lin Show！"

哈佛小子
林书豪赢家心法

刚进NBA，心虽欲高飞，但是要么苦无机会，要么自己打得碍手碍脚，他处于饥饿状态也够久了，趁着今日全身冒火（on fire），非得火力全开，给大家瞧瞧他真正的本领不可。

强烈的求胜斗志有一种神奇魔力，它会催化身体的肾上腺素，忘掉心中负面杂念，强化自信心，全神贯注在球场每一细节上，体内的潜力便如山洪暴发，沛然莫之能御。

第四节开赛没多久，双方打成72比72平手，以前在这时段，这种僵持局面，林书豪只有坐在板凳当啦啦队的份儿，但是今天他打出自信，丹东尼总教练自然对他有信心。

林书豪在中路三分线控球，这已是一般NBA控球后卫的有效射程，但是守他的威廉姆斯有点夸张，竟站在罚球线守他，双方离开三步远，这距离等于他站在月球，看着林书豪在地球射飞弹，就料定他射不到。

"用退一步方式守我？就这么料定我没有外线？"

林书豪打定主意，非得投几个外线给你瞧瞧不可！

他把这视成一种侮辱，也更激起了他的竞争意识，连坐在板凳休息的"拳王"钱德勒和安东尼看在眼里，也都愤愤不平。但他沉住气，一个双脚同时跳前运球，往前逼近。对付这种侮辱唯一的方式就是证明它！

趁着斯塔德迈尔（Amare Stoudemire）过来掩护，立刻起步往右运到罚球圈的外围旁，一个外线空当！林书豪毫不犹豫，收球旱地拔葱，球在空中划出一道美丽圆弧，空心入网！

出手不犹豫，动作就顺畅。尼克斯队的比分，总算冒出水面，

第11招 求胜斗志的神奇魔力

变成72比74领先2分,而且是用对方认定林书豪不拿手的招式来得分。这下子,篮网总教头惊觉不妙,立刻喊出暂停。

在板凳休息的尼克斯队友乐不可支,"拳王"钱德勒这位胡须恶汉竟手舞足蹈像小孩子般,趋前迎接走回休息区的林书豪。

安东尼更是笑得合不拢嘴,主动和他来一个"仙人拜佛"的起手式,以表达他对林书豪整场惊叹演出的佩服,也对他在极短时间就能调整心态,找回外线投篮信心,给予最高敬意。

向右带一步急停跳投
旱地拔葱
招式心法 意定神闲,边走边化,状若是切,实则急停

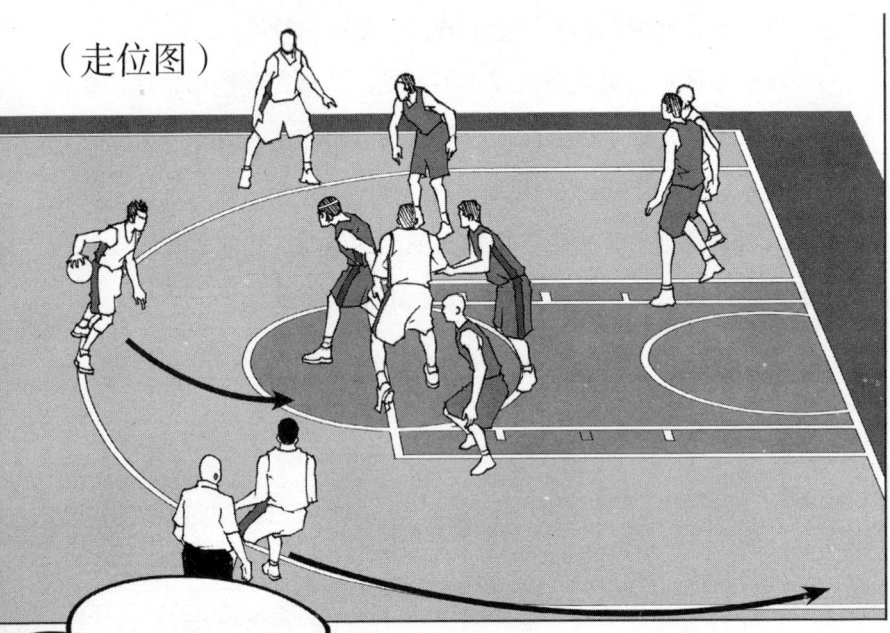

(走位图)

第 *11* 招 求胜斗志的神奇魔力

可恶!看来不秀几个外线给你look look不可。

兄弟们!缩小防守圈!看这小子如何切?

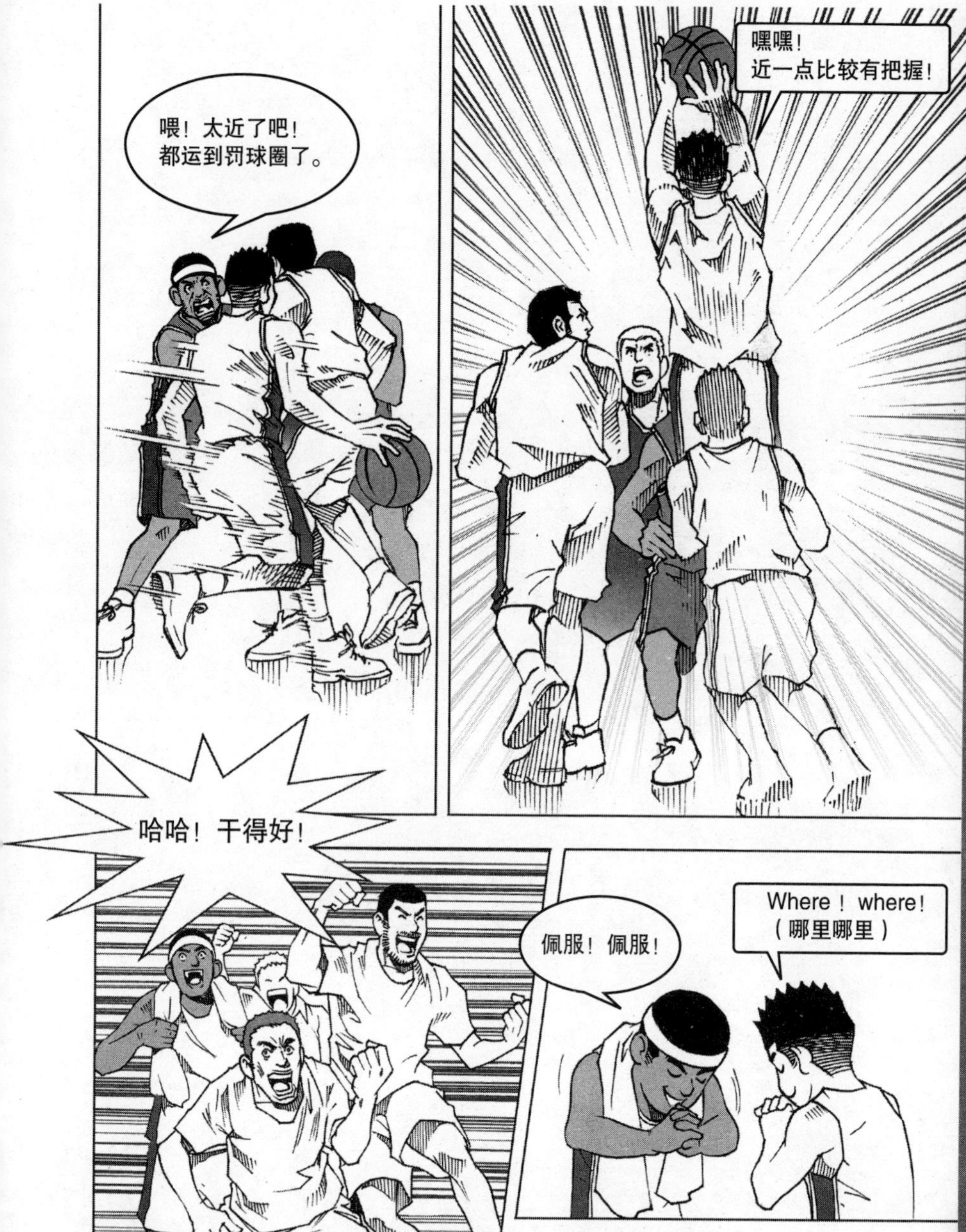
喂！太近了吧！
都运到罚球圈了。
嘿嘿！
近一点比较有把握！
哈哈！干得好！
佩服！佩服！
Where！where！
（哪里哪里）

12招 享受比赛

人生，很难避免就是一连串"比赛"的历程。就学阶段比成绩，就业阶段比成就，临老恐怕还得比气长。"比赛"有其正面效应，透过比赛会督促我们强化竞争力。有比赛就有输赢，输赢的大悲大喜，各有其味，各有得失，人生也才得精彩。输赢不能以一时表面结果下定论，只要享受比赛过程，就是赢家。

林……书……豪！
我和你势不两立！

Come on!

第12招 享受比赛

"Jeremy Lin Show！"

在第四节从林书豪的外线得手就此揭开序幕，然后他简直是乔丹附身，变成"第四节先生"，外线、助攻、切入样样来，无人能挡。

"原来Jeremy和Chandler的中路挡拆效果如此之好！"

尼克斯总教头丹东尼摸摸他的后脑，心想："到底是我老眼昏花？还是上帝眷顾？在我最需要的时候，赐我如此一位奇兵！"

尼克斯总教头丹东尼从本季开赛以来，就因球员执行不出有效率的战术，饱受纽约毒舌媒体的批评。论个人球技，旗下战将一个一个跟人家比，都高人一等，偏偏一上场，就乱成一团，毫无章法，一批猛将打成一群虾兵，流落到人人可欺，原因就是找不到理想的控球后卫来当场上司令官。

梦里寻他千百度，蓦然回首，那个人，却在灯火阑珊处。

"原来，这个人每天晚上都坐在身后的冷板凳上。真是该死！"丹东尼不禁敲了一下脑袋。

柳暗花明

离终场还剩2分钟，林书豪又端出一道好菜，"柳暗花明——挡左钻中间"的切入招式，搞的篮网全员人仰马翻，这是整场比赛的最高潮。

这个不知从哪里冒出来的小子，把整场尼克斯球迷的情绪搞到血脉偾张，如痴如狂，"林来疯旋风"就此正式揭幕。

这阵法最简单不过，林书豪中线控球，其他队友远远闪到一边，空出整个禁区，然后，泰森往防守林书豪的威廉姆斯挡位（如走位图），挡到之后各自拆开，至于林书豪到底要切右或切左，到底要收球急停跳投或切入或高吊给泰森，那就由林书豪视当下场上状况自己判断了。

当"拳王"泰森跑来单挡时，林书豪瞄了一下敌阵布局，心中有数，知道如果选择往左切，必然会遭遇敌队的补位防守者，甚至可能被两位防守者包饺子，但是，林书豪明知山有虎，偏向虎山行。

为什么？因为他练就一招拿手绝活"柳暗花明"，此乃挡左钻中间的招式，招名取自宋朝诗人陆游的"山重水复疑无路，柳暗花明又一村"。

此招是林书豪破解"双人包夹"最常用的招式，眼疾手快，瞬间一个换手运球，从两位防守者钻进去，挣脱出陷阱就柳暗花明。篮网威廉姆斯不甘被切，奋力想拦下球，但是林书豪速度飞快，让他在后面一个不小心，失去重心往前摔倒，还被判犯规。林书豪又一次狠狠撕裂篮网的防守阵营，一人单飞，直取中宫，得分又加罚，把比分拉开成95比86，胜负几乎成定局。

他因自己的神奇演出，兴奋到最高点，不禁学起"拳王"泰森在灌篮之后的"泰山狮吼"，仰天纵声长啸，犹如万马奔腾，气吞

哈佛小子
林书豪赢家心法

山河。然而，整个动作从拉弓、两臂交叉到挺胸怒吼，又加上个人独到的创意，他这"林氏狮吼"因此闯出名号，建立独树一格的招牌。

在此同时，篮网有3名球员为了阻止林书豪切入，竟然倒成一片，尤其篮网主将威廉姆斯，他堂堂是当今NBA五大控卫之一，个性本来就自视甚高，结果不仅被林书豪一再嚣张得逞，这次自己还摔得狗吃屎，躺在地上睁眼看着林书豪拉弓狂啸，气盖万千。画面形成强烈的对比，这对他来讲是何等屈辱。从此，他和林书豪结下深仇大恨。

几家欢乐几家愁，坐在板凳的尼克斯球员可是Hi到最高点，尤其林书豪的"麻吉"菲尔德更是又叫又跳，比中了乐透特奖还Hi。

自从进入NBA以来，林书豪一直如在大海上载浮载沉，梦想着有朝一日能爬上岸，踏实站在NBA的陆地上，但是做梦也没想到，他不仅上了岸，还能享受到这种倚天一出，俾倪天下的极致快感。

就在这激情一吼当下，他不仅彻底渲泄出一年多年来的压力，也一窥什么是享受比赛，享受压力的最高境界。

第一次有享受比赛的感觉，"It feels dam good！"林书豪心想。

挡左钻中间
柳暗花明

招式心法 深入虎穴，故露破绽，瞬间变向，破云而出

（走位图）

小子！别得意太早！

歹势啦！因为实在郁闷太久了！

兄弟！一起包他饺子！

Right here waiting for you!

第 *12* 招 享受比赛

柳暗花明

招式心法 深入虎穴，故露破绽，瞬间变向，破云而出

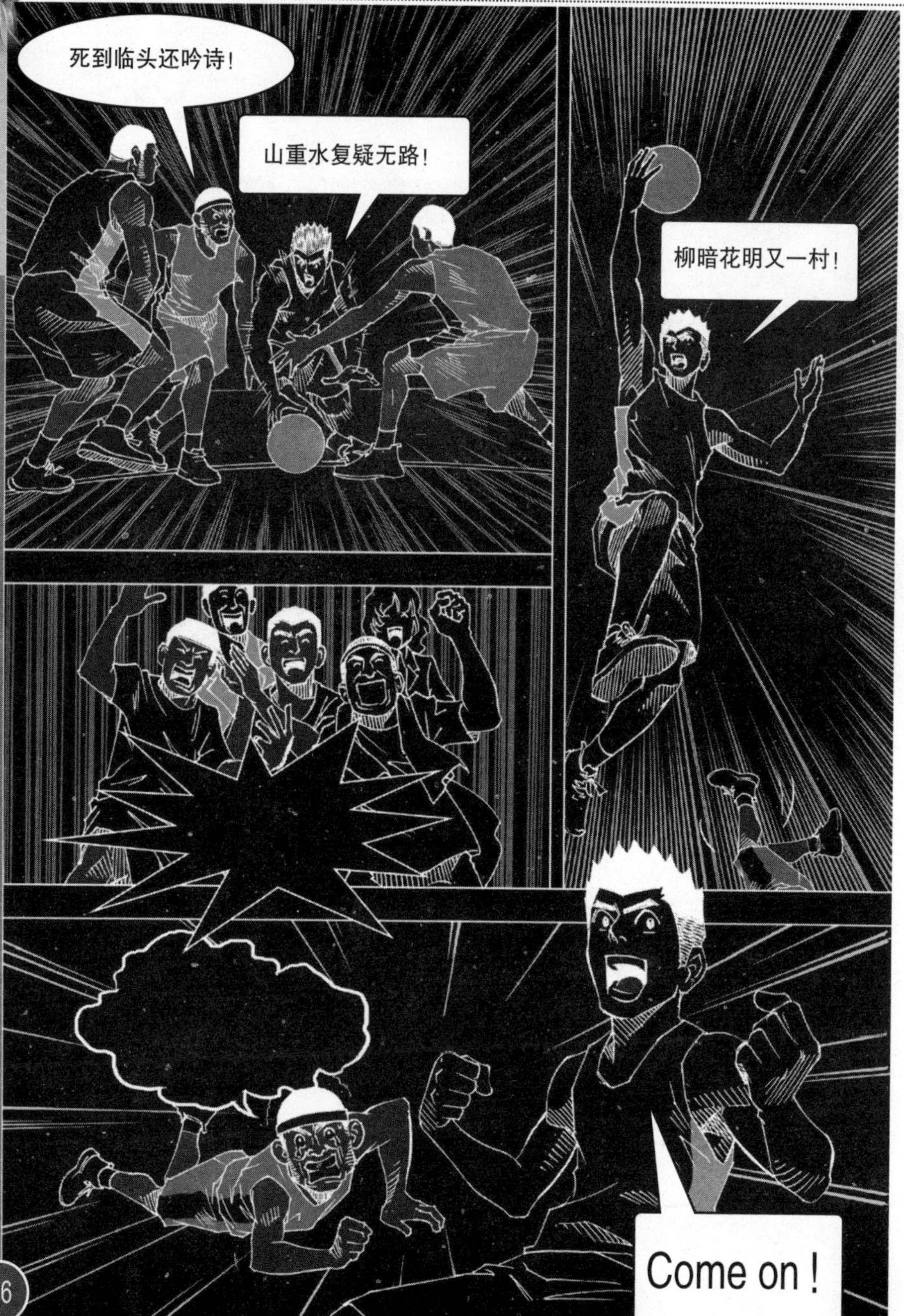

13招 感恩

不因打得疯狂，只因上帝祝福。

"我真的很感恩！即使在NBA场上只能投一球，也是上帝的恩典；即使只能打垃圾时间，也是祝福；我今天能在场上打这么久，那更是真实的祝福！"

嘿嘿！昨晚睡我那"千年寒玉床"一夜，胜过你苦练十年吧？

第13招 感恩

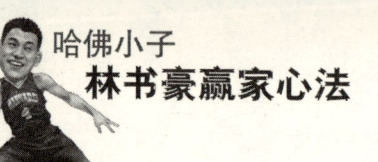

"Jeremy! Jeremy! Jeremy! Jeremy!"

满场尼克斯球迷兴奋到坐不住,起立齐声高呼。

这个连林书豪压根儿都预期不到的神奇演出,挑起了他们好久不曾再有的看球激情,那个为尼克斯队嘶声呐喊,期待拿下一个总冠军的激情。

这种激情,对尼克斯球迷而言的确够遥远,也够失落了。

纽约,这个世界第一大都市,长久以来一直是NBA篮球重镇,主场地麦迪逊花园广场,在所有NBA篮球运动员心目中的地位,就如公元80年罗马帝国的圆形竞技场,每位篮球运动员如同当时的角斗士,都向往在此扬名立万。

纽约球迷疯狂的程度也媲美罗马帝国的暴民们,爱之欲其生,恨之欲其死,偏偏他们拥戴的罗马军团尼克斯队,整整陨落十多年,这对他们自居帝国第一大都子民的骄傲,心灵上是一大打击,让他们只能寄情于美国职棒洋基队的辉煌,从中得到些许安慰。

纽约尼克斯队是曾经有过辉煌历史,在1985年尤因(Patrick Ewing)这个身长7尺的纽约"大金钢"以选秀状元入主当家后,他带领了一群以防守见长的凶神恶煞,球风强悍,动作粗野,誓死悍卫篮下禁区,的确有罗马帝国军团的模样,客队到此往往视禁区为畏途,当时,他们建立了独树一帜的"纽约风格"。

只要在关键时刻，客队持球进攻时，全场球迷震耳欲聋的"Defence! Defence! Defence!"声，让人联想到罗马帝国圆形竞技场的暴民，大拇指朝下，高喊"Die! Die! Die!"的疯狂行径。心脏不够强，可会被现场这种嗜血气氛，搞得气虚手软。

可惜，生不逢时，那个年代同时出现两位百年难得一见的奇才，一位是"篮球之神"迈克尔·乔丹，他的神技一言难尽，笔者已在《乔丹篮球宝典》专书介绍，不再赘述，他尤其擅长在外围游斗，尤因领军的罗马军团，虽然在禁区组成铜墙铁壁，却挡不住乔丹在城墙外放火烧山。

欧拉朱旺的天蚕门

另一位是休斯敦火箭队的欧拉朱旺（Hakeem Olajuwon），这位身高和尤因一样7尺的中锋，低位背对篮筐接球的翻身"天蚕梦幻步"，动作华丽又到位，百变的翻身假动作，忽吞忽吐，忽左忽右，随时都可化虚为实，让人防不胜防，最大特色是翻身速度犹如一阵超级旋风，疾风呼啸来无影，寒身刺骨去无踪，兼具视觉观赏和得分效果。

单论他的中锋招式，前无古人，后无来者，就连21世纪江湖公认最强的单打高手科比·布莱恩特和"大帝"詹姆斯，也相继拜其门下，学习他的"天蚕梦幻步"。他碰到尼克斯队时，直接在禁区墙内喷油烧城，尤因也搞不过他。

2011—2012赛季结束后，尼克斯大将"阿嬷"斯塔德迈尔也跟进拜师于他的"天蚕门"，想复制他的"翻身梦幻步"，"阿嬷"

吃到甜头后，好吃争相告，尼克斯球团干脆邀他来尼克斯上团体课。

但欧拉朱旺反倒更看好"拳王"钱德勒比较有希望能承其衣钵，原因在于钱德勒的敏捷度一流，加上身高七尺一寸，只要能学到他低位中锋的七成功力，那他的中锋威力可就是另一个境界了，不再是只能依靠挡拆战术，空切后等待队友传球，接球猛轰篮筐的中锋，而会蜕变成一个进攻的发动者，能在篮下单吃，又能吸引敌队双人包夹制造队友空当的全方位中锋。

钱德勒是否能重现欧拉朱旺当年在休斯敦刮起的旋风？师父引进门，修行看个人，球迷们拭目以待吧！

既生瑜，何生亮

雄霸一方的尤因在他NBA生涯中，虽然被乔丹和欧拉朱旺内外压制，从未带领尼克斯队拿过总冠军，让他大叹"既生瑜，何生亮？"但是，好歹在他15个球季中11度获选为全明星球员，13度率领尼克斯闯进季后赛。可说年年有希望，年年都有让纽约疯狂球迷为其卖命加油的动力。

但是尤因过后，尼克斯军团迅速衰落，沦落成一支只能在季赛陪公子玩球的角色，纽约满腔热血的球迷坐在麦迪逊广场的主球场，从原本如坐在圆形竞技场的暴民疯狂喊叫，变成好像去看莎士比亚的话剧，让人昏昏欲睡。

尼克斯度过了十多年黑暗时期，直到2011—2012年"甜瓜"安东尼、"阿嬷"斯塔德迈尔和"拳王"泰森·钱德勒相继加盟尼克斯后，让纽约球迷重新燃起帝国再起、一统江湖的希望。

不料，一片真心换绝情，未开季，主力控卫戴维斯就脚伤挂掉，群龙无首，没有人可以挺身而出，导致尼克斯军团节节败退，尼克斯球迷埋在土内冬眠十多年的热情，原本刚刚冒出土，跃跃欲试，准备催情狂叫，却当头被一大盆冷水浇灭，失望之情可以想象。

就在这节骨眼，林书豪这个外表一点儿都不起眼的小子，临空而降，犹如手持仙女棒一点，尼克斯球迷那失落的心灵，瞬间重现缤纷的色彩。

没有人曾经期望过他来扮演救世主的角色，就因为没有人预料得到，更增添惊喜效果，这过程，比任何一部电影更有戏剧效果。

尔虞我诈——跨左换手切右

2月5日对篮网之战离终场还剩1分钟40秒，林书豪意犹未尽，以一招"尔虞我诈"当压轴菜。尼克斯又是摆出同样戏码，清空禁区让钱德勒帮林书豪单挡掩护，菜单和前一招的阵法一样，林书豪也是一副往左切的起手式。

威廉姆斯刚刚在林书豪那招"柳暗花明"挡左钻中间下，吃了大亏，余悸犹存，岂可重蹈覆辙，下意识重心偏右，欲先行占住林书豪的左切路线。

但是，林书豪抓住这瞬间的漏洞，左脚跨出后急停换手运球，突然往右切。

威廉姆斯应变不及，切入路径已被林书豪占住，又一次眼睁睁

哈佛小子 林书豪赢家心法

看他孙悟空单身大闹天庭的表演，伤口再被洒了一把盐巴，这仇真的结大了。

本来一招再平凡不过的换手换边切入招式，经林书豪之手使出，为什么如此干脆利落？

关键1：苦练本书24招所附，林书豪基本内功"九阳迷踪步"，他犀利的切入招式，几乎都是从中演变而来。

关键2：使用时机。对手的防守阵势瞬息万变，因此，精髓是在对应之道，如何变？何时变？变什么？运用之道，存乎一心。

本招他留意到威廉姆斯余悸犹存，斗智不斗力，才让威廉姆斯好像肉脚般再被砍一刀。

用脑袋打球的好处，本招可当一个范例。

珍惜当下拥有

林书豪这次的临去秋波，虽然仍然是一次很漂亮的切入得分，但是因为胜负已定，他不再有亢奋的拉弓动作。比赛终了，这场对篮网之役他交出25分5个篮板7次助攻2次抢断的A+成绩。

队友们纷纷趋前拥抱致贺，他的内心波涛汹涌，然而，笑容却又恢复原本那副邻家大男孩的腼腆，心中五味杂陈。

忆起往日种种，不胜唏嘘，如今队友一拥而上，热情拥抱，如此被重视、被需要，这是他踏入NBA以来，从未有过的踏实感。

能有今日，除了自己的坚持之外，他应该感谢太多人了，除了感恩之外还是感恩。赛后，他迫不及待打电话给他的心灵导师陈光耀牧师。在他人生最低潮时，他的满腹辛酸大部分都是向陈光耀倾诉，当然，是林书豪第一个想要分享喜乐的人。

"我真的很感恩！即使在NBA场上只能投一球，也是上帝的恩典；即使只能打垃圾时间，也是祝福；我今天能在场上打这么久，那更是真实的祝福！"林书豪在电话中兴奋地对陈光耀说。

改变打球心态，也是林书豪能破茧而出，展翅高飞的关键之一。

之前，他急于证明尚未拥有的，结果他的快乐与否，完全取决于球赛的表现，搞到他失去了打球的热情与乐趣，忘记了打篮球的初衷。在万念俱灰之际，他开始学着以感恩的心去打球时，让他更珍惜也更能享受当下所拥有的。

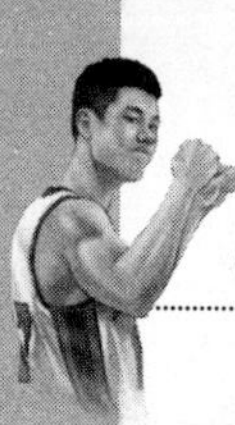

跨左换手切右

尔虞我诈

招式心法 料敌机先，故迎虚招

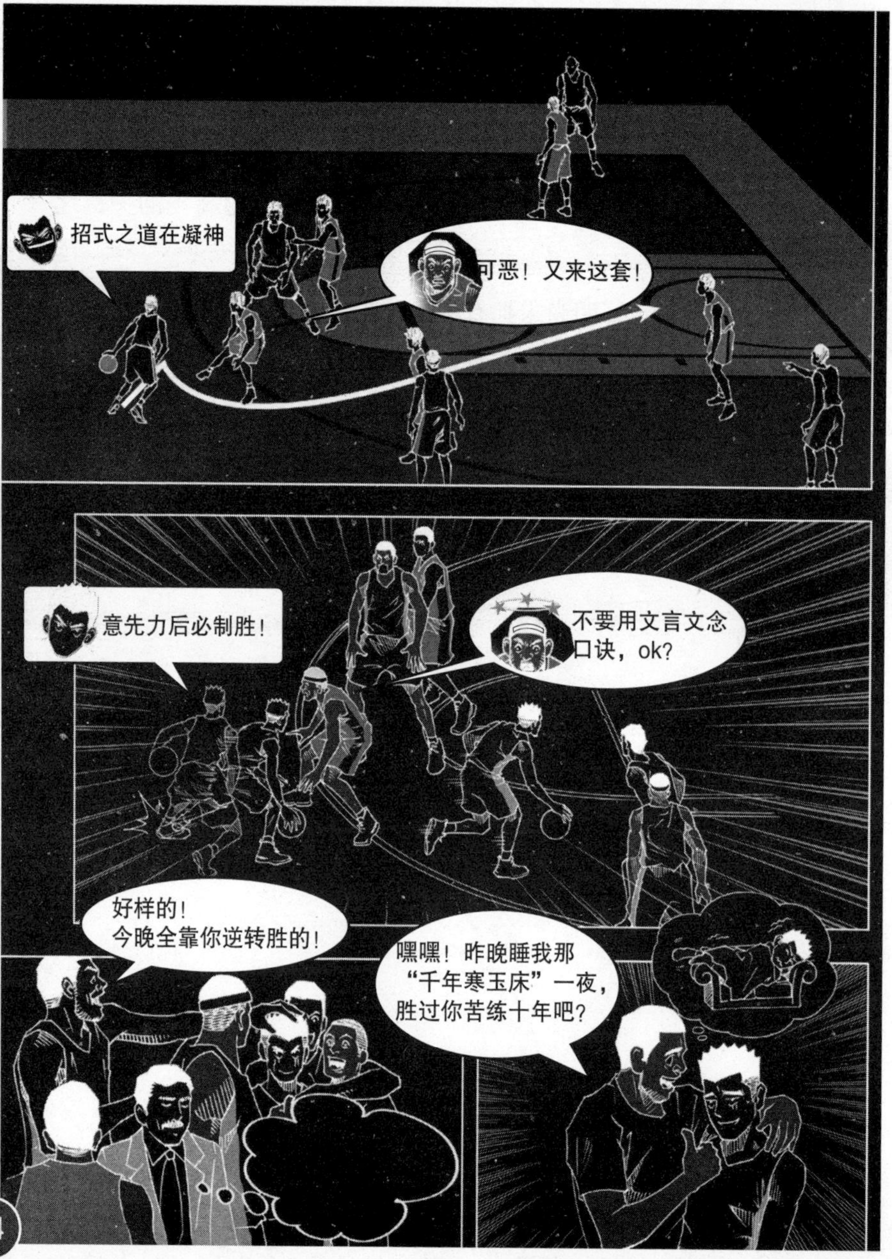

14招 别把已经拥有的当成理所当然

丹东尼（Mike D'Antoni）在2012球季后离开尼克斯入主湖人后，才说出他放在心里四年的感言："我当初不该离开太阳队，我不该去尼克斯的，我应该留在太阳队与他们一起奋斗，你不可能有很多机会可以带到像纳什这样的球员，应该要好好珍惜，但我没有。"

第14招 别把已经拥有的当成理所当然

千万别把已经拥有的，当成理所当然。

江湖公认，尼克斯总教头丹东尼（Mike D'Antoni）是设计进攻战术的天才。他在2005年获得年度NBA最佳总教练头衔，一时志得意满，自认有曹操睥睨天下的文攻武略，当2008年带领凤凰城太阳进军季后赛，踌躇满志打算一举攻顶，不料在首轮即兵败圣安东尼马刺，丹东尼失望地挂冠求去。

来到兵多将广的纽约尼克斯，他对着这批猛将把酒当歌大唱《短歌行》："对酒当歌，人生几何……周公吐哺，天下归心。"心中暗自盘算，有这批猛将再加上自己的"七彩挡拆兵法"，当能实现称霸武林，一统江湖的大志。

没想到天有不测风云，一阵东风吹来，火烧尼克斯大军战船，让他踢到一块大铁板，瞬间英雄变狗熊，被纽约毒舌骂到臭头。

他惊觉，原来他成名的七彩挡拆大法，是这么需要一位高IQ加高EQ的控球后卫。这时，他才开始想念旧日在凤凰城的纳什（Steve Nash）。

纳什在太阳4季拿了两座年度MVP，或许是他一手促成，但是他千变万化的挡拆和跑轰战术，也非得有纳什之手，才得以彩绘的如此金光闪闪。在NBA，盘球技术高强的后卫易找，但要再加上脑袋灵光的，却是如真爱一样难寻。思念总在分手后，只是当时已惘然。

如今，他看到林书豪在2月5日对篮网一役的表现，眼睛为之一亮，心想："这不就是另一个纳什吗？"

丹东尼总教练心中有谱了。

一开赛，丹东尼摆出的先发阵容是"拳王"钱德勒、杰弗里斯、菲尔德、安东尼、林书豪，嘿嘿，小伙子林书豪生平第一遭在NBA名列先发，这可是他去年发愿的第一志愿，他站在场上，心中一阵悸动，但是他强压兴奋之情，脸色凝重。

这先发阵容，除了林书豪之外都是锋将，可说几乎没有得分后卫，这意味着丹东尼一开赛就抱定这场球赛将把控球权完全交给林书豪，并且将利用前线的挡拆战术当攻击发动点，再变化成主攻内线的战略。

果不其然，一开赛林书豪和钱德勒两人搭配的挡拆"双人枕头"，歌声嘹亮，屡屡轻松建功，不是林书豪切入得分，就是高吊给钱德勒篮下卖高得逞。

顺水推舟——快攻顺势挡拆高吊

1.2. 尤其在第二节还剩9分钟时，他俩的那次挡拆搭配得分最是经典。整个过程是，林书豪一个抢断成功后，运球快攻反击，当他运过中线后，一看爵士球员已经回守布阵，于是他放慢脚步，等待人高但速度不怎么样的钱德勒一起参战。

只见钱德勒不急不缓，从林书豪右侧慢跑而过，但他跑到罚球

哈佛小子
林书豪赢家心法

线位置附近时，突然停步顺势设下单挡，同时，林书豪也相当有默契的换手换边往右切，一切是那么流畅简洁，却立刻让林书豪有一个外线空当。

3. 但是林书豪放过急停跳投机会，运球往守钱德勒的人方向切入，诱他来补位防守。这时，林书豪有两个传球选择：一是传球给杀入禁区的钱德勒；二是传球给5号队友。

4. 林书豪身陷双人包夹，他一看诱敌成功，选择传球给杀入禁区的钱德勒。离篮筐越近，命中率越高，这是不变概念。身高七尺一寸的钱德勒在篮下空当拿到球，肯定无人能挡，又是一次泰山呼啸的灌篮。

这次和林书豪的挡拆干脆利落，两人在眼神交会间，就出招收招得分，流畅如行云流水，轻松如桌上拿柑，默契之好简直仿佛前世就共穿一条裤子打球。

快攻顺势挡切高吊

顺水推舟

招式心法 化中有打，打中有化，边走边化，边化边打

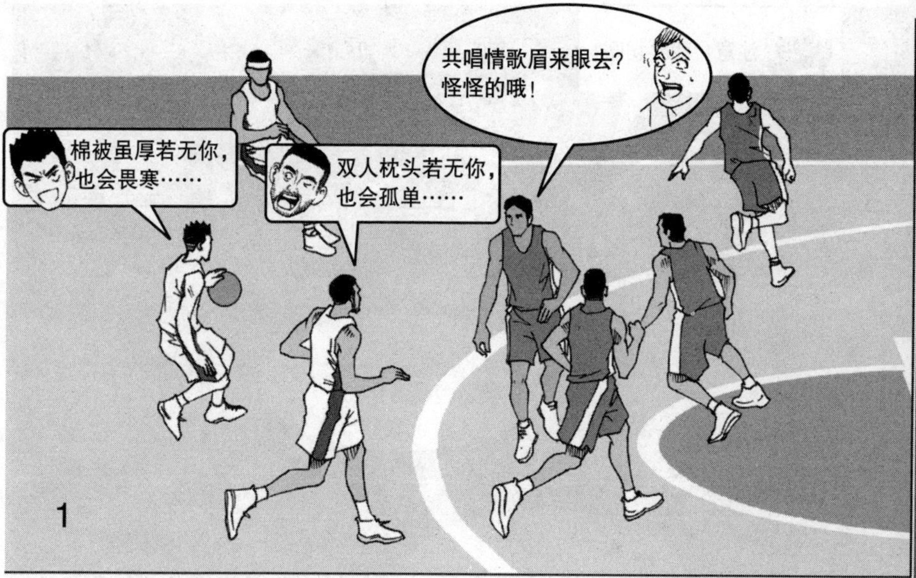

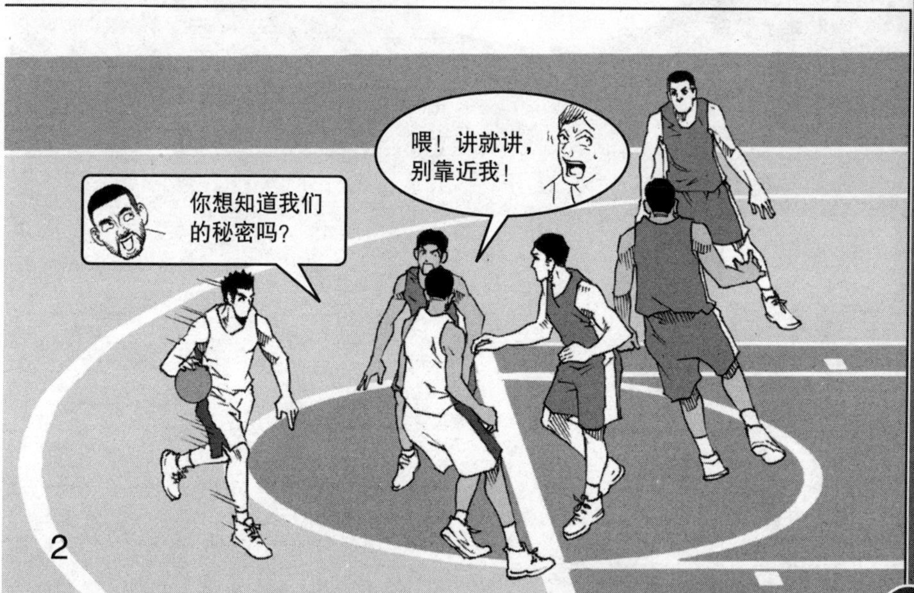

快攻顺势挡切高吊
顺水推舟
招式心法 化中有打，打中有化，边走边化，边化边打

第 *14* 招　别把已经拥有的当成理所当然

100

15招 对的人摆在对的位置

"他是另一个纳什吗?还是因为对纳什的过度思念而产生的错觉?"在这节骨眼,丹东尼也没得选择了,他唯一能做的就是人尽其才,物尽其用。

> Ma Ma Mi 啊!
> NBA的钱真难赚!

第15招 对的人摆在对的位置

尼克斯第一战将安东尼足部"翻船",伤重下场!

2月6日对爵士之战,尼克斯第一战将安东尼在开赛没多久,就因足部翻船下场,这真是屋漏偏逢连夜雨,加上第二战将斯塔德迈尔赛前就因有重大家务请假一周。在场每位尼克斯球迷心中都心想:"这下子惨了!"

队上两大主力在场时都已经打得节节败退,这下子家里没一个大人,这可如何是好?

丹东尼总教头深吐一口气,在此危急存亡之际,唯一可以解危脱困的方法,就只能寄望他的"七彩挡拆大法"了,只要他的挡拆兵阵能充分发挥,阵中每位球员是有点石成金之效,个个立刻摇身一变成为武林高手。

然而,他的七彩挡拆大法是否能扭转乾坤,就只能寄望林书豪这位突然窜出的毛头小子了。"他是另一个纳什吗?还是因为对纳什的过度思念而产生的错觉?"丹东尼心中充满疑问。

林体系成形

在这节骨眼,丹东尼也没得选择,他唯一能做的就是人尽其才,物尽其用,他灵光一闪,拟下一个战略大方针——善用林书豪最拿手的右切!

中锋在中路设下挡拆，设法用林书豪的右切撕裂敌队防线，然后制造出中锋空切空当和外线出手机会。

在这个战略大方针，林书豪的右切和钱德勒的空切接球强攻篮筐，都是他们最拿手的攻击方式，至于外线出手的机会该给谁呢？

丹东尼转眼扫向板凳区，视线停在已在冷冻库冰藏多日的诺瓦克（Steve Novak），心想："就是他了！"

这就是之后轰动武林、惊动万教的"林体系"战略主轴，它善用了三个在进攻上都不是全方位的球员，林书豪的右切，犀利的像一把屠龙刀，左切却像菜刀；钱德勒浪费了他高人一等的身高和优异体能，几乎没有中锋低位背对篮筐接球取分的本领，可是让他空切接球强攻篮筐，他可像是猛虎出笼，虎虎生风；诺瓦克在外线完全没有自己运球制造空当出手的本事，可是让他三分线空当跳投，那可像是计算机定位，准得二五八万。

丹东尼总教练他人尽其才，各取他们最拿手的部分，放在最适当的位置。

这算盘打得很精，理论上都说得通，但毕竟是纸上谈兵，这个以林书豪当攻击主轴的体系是否灵光，得仰赖这小子的执行力了，接下来他只能烧香保佑林书豪不是一颗一闪即逝的流星，不是扶不起的阿斗，否则，在这一大堆毒舌猛兽的纽约，恐怕他得开始准备打包，回家吃自己了。

比赛进行到第二节近半时，丹东尼虽然眉头仍然深锁，但心中暗想："真是阿弥陀佛，老天有保佑！这小子越来越可爱了。"

林书豪的表现从开赛至今，一切照着他的剧本在演出，在离第

第*15*招 对的人摆在对的位置

103

哈佛小子
林书豪赢家心法

二节结束前7分钟，他更是神来一笔，以一招"铁头骑马射箭"，犹如小孙悟空，只身大闹禁区天庭，撞翻一票天将，表现得甚至比丹东尼的期望还要好。他是丈母娘看女婿，愈看愈满意。

铁头神功

切入招式千百种，脚步虚实为正宗。林书豪却可以把全身部位都可以拿来当武器，犹如西毒欧阳锋失传千年的"蛤蟆功"重现江湖，本招林书豪亮出一招"铁头神功"，过人时以肩膀当武器先占位，碰到补位防守者，竟以头当武器，令人侧目。

这招"铁头神功—骑马射箭"过程如下：

林书豪依照丹东尼的中路挡拆战术，在中路三分线外运球，负责帮林书豪单挡掩护的前锋换替补杰弗里斯（Jared Jeffries），其他三位队友一样空出禁区，分别站在外围三个角落。

1.2. 林书豪以一个简单的晃肩假左切运球，立刻起步变向往右运球切。

被挡的防守者不换人守，林书豪掌握那瞬间即逝的空当切入，加上他傲人的爆发力，头和肩膀前倾，先占住切入方向，头过身就过，轻易切过对手的防线。

3. 迫使原本杰弗里斯的防守者不得不补位防守他。

这就是为什么丹东尼这套中路挡拆战术，唯独交给林书豪执行时，会势如破竹，无往不利的关键所在。

想要破解挡拆战术，优先级是：

一、被挡的防守者要快速绕过单挡者，独自继续对运球者施以有效防守。

二、如不行，则补位防守者必须快速移位，对运球者施以双人包夹，阻断运球者的进攻或传球。

相对的，在进攻端来说，想要利用挡拆战术取分的第一关键是，运球者必须有能力有效摆脱防守者，把握单挡所造成的瞬间空当，急停跳投或切入。当选择切入时，通常会遭遇补位防守，这时就必须有能力单打补位者，及有宽广视野把球传到空当队友的手上。

林书豪就靠着他那犹如保时捷跑车的扭力，瞬间起动，动如脱兔，第一步就占得切入优势，吸引敌队补位防守，制造队友空当。

4.5.6. 面对补位防守者的单打招式，林书豪常用的招式除了变向端篮或高抛投篮之外，就是本招"急停后仰跳投"。

说到"急停后仰跳投"，史上最厉害的就是那位常常飞到外层空间打球的迈克尔·乔丹，林书豪是没得比，不过他另辟蹊径，独创了本招"铁头撞墙—骑马射箭"，以他的"哈佛金头"顶开补位者，并顺势后仰跳投得分。

警告：想学这招"铁头神功"，力道千万要有分寸，只要让防守者重心瞬间后退一些，点到为止，应立刻急停刹车再后仰跳投，没学到家者千万别轻易模仿，否则撞到脑震荡，小弟可不帮你付医药费喔！

骑马射箭
铁头神功

招式心法 一头当剑，点到为止，急停刹车，后仰跳投

（走位图）

第 *15* 招 对的人摆在对的位置

1
1号正拳攻击！
I got it！

2
槽！
换挡加速！让你见识一下保时捷跑车的瞬间扭力！

106

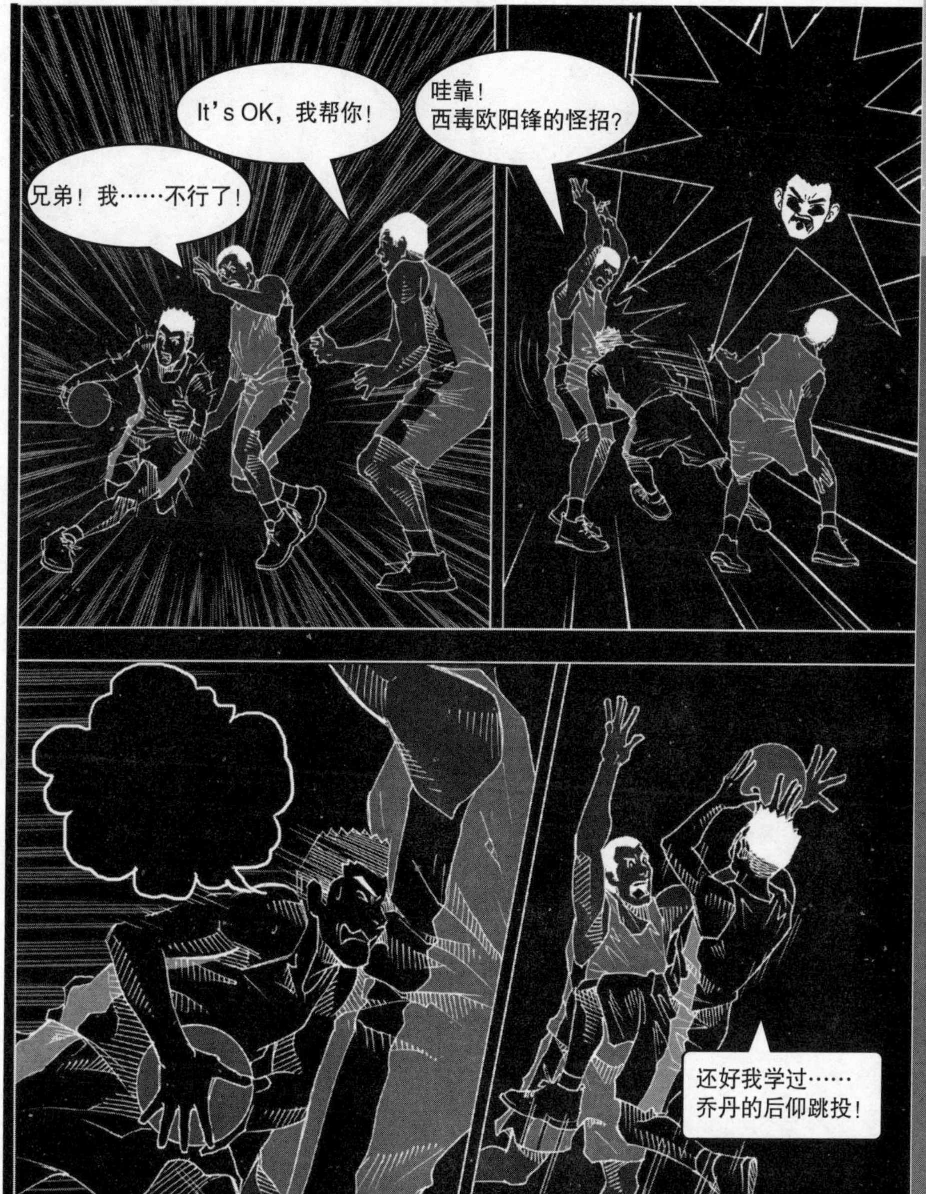
兄弟！我……不行了！
It's OK，我帮你！
哇靠！
西毒欧阳锋的怪招？
还好我学过……
乔丹的后仰跳投！

16招 照亮别人

林书豪在"林体系"下,犹如鱼入大海,钱德勒和诺瓦克也如鸟上青霄,把他们的特长发挥得淋漓尽致。或许是丹东尼总教练设计的"林体系"造就了林书豪,但是让"林体系"疯的如此夸张,则完全是靠林书豪的执行力。

Thank you very much！

Piece of cake！

第16招 照亮别人

为什么尼克斯队在阵中两大战将安东尼、斯塔德迈尔缺席下，尼克斯反而能够拉出一波七连胜？

为什么林书豪能够仿佛天降神兵，带领一干副将创造了举世疯狂的"林来疯"？

在当时，林书豪纵有"篮球之神"迈克尔·乔丹的个人篮球本领，也不可能让球队有如此不可思议的逆转战绩，因为篮球是一项团队运动（Team work），记住！唯有同心协力，方能成就大业！光凭一人之力绝对无力回天。身为领导者，最重要的关键不只自己要打得很好，还得要有能力让场上队友也打得好。

要让自己能发挥十成功力比较简单一点，要让队友也能充分发挥，这可是一项大学问，不光是篮球技巧，还得有高超的领导统御本领。

或许是丹东尼总教练设计的"林体系"造就了林书豪，但是让"林体系"疯的如此夸张，则完全是靠林书豪的执行力。

就如笔者前一章所说，当丹东尼的"七彩挡拆大法"能运转出全力效能时，阵中每位球员有点石成金之效，个个立刻摇身一变成为武林高手。于是，经由林书豪之手带领的林体系，它大大凸显出尼克斯其他球员的价值，其中，被"林体系"的强烈光芒照得灿烂夺目者，除了"拳王"钱德勒之外，就数原本也是深宫怨妇的诺瓦

克（Steve Novak）。

林书豪在丹东尼设计的"林体系"下，犹如鱼入大海，钱德勒和诺瓦克也是如鸟上青霄，无所窒碍，尽情遨游，把他们的特长发挥得淋漓尽致。

在2月6日尼克斯战爵士，林书豪生平第一次先发的第二节，当替补诺瓦克上场后，他也继林书豪之后，开始"疯"起来了。

金蝉脱壳

丹东尼设计的这套"林体系"，为何开始重用诺瓦克？

因为相较纳什（Steve Nash），林书豪虽然外线没那么有威力，但他切入攻击篮筐的企图心和能力却较强，当林书豪经由中线挡拆杀入篮下时，敌营势必重兵集结禁区，于是丹东尼在外线设下一名远射伏兵，在林书豪和跟进的中锋都很难在禁区得手时，这名伏兵会让对手如芒在背，如刺在喉，防不胜防。

这名伏兵的任务很简单——拿球就投，但条件得是神射手！这不就是诺瓦克能在NBA打滚的唯一武器吗？

他只要在林书豪攻击篮筐时，设法跑到林书豪的传球路径上，而且是人烟稀少之地，则大事铁定！

本招单挡双切传外线即是一例：

1. 2月6日尼克斯对爵士一役的第二节，林书豪从中线左侧控球，替补前锋杰弗里斯上前单挡，林书豪顺势往左切。

2. 原本守杰弗里斯的防守者眼疾手快，抢先占住林书豪的左切路径，企图包夹他。形势似乎对林书豪不利，但他又亮出他在这个

第16招 照亮别人

局势最常用的一招——柳暗花明，运球从中间杀入。

3. 突围成功，局势逆转，伏兵诺瓦克一看，他的机会来了，立刻往底线三分线外退就射击位置。

4.5. 林书豪一人深入敌营，遭遇另二人的围剿。他用余光留意到外线伏兵诺瓦克已就射击位置挥手要球，于是他一个假切急停跳投，果然引来一片乌云罩顶，他胸有成竹，收球拉下，以左手往外传诺瓦克。

6. 人都被林书豪吸引到篮下，诺瓦克接球就投，应声三分入网。

丹东尼这阵法虽巧妙，但得靠林书豪有能力突破外围的双人包夹，深入禁区时又得有能力吸引另两人阻攻，以一人分别对上四人，并且，还得有传球视野把球及时送到诺瓦克的手上，这就是执行力。

单挡双切传外线

金蝉脱壳

招式心法 直入中宫，充当诱饵

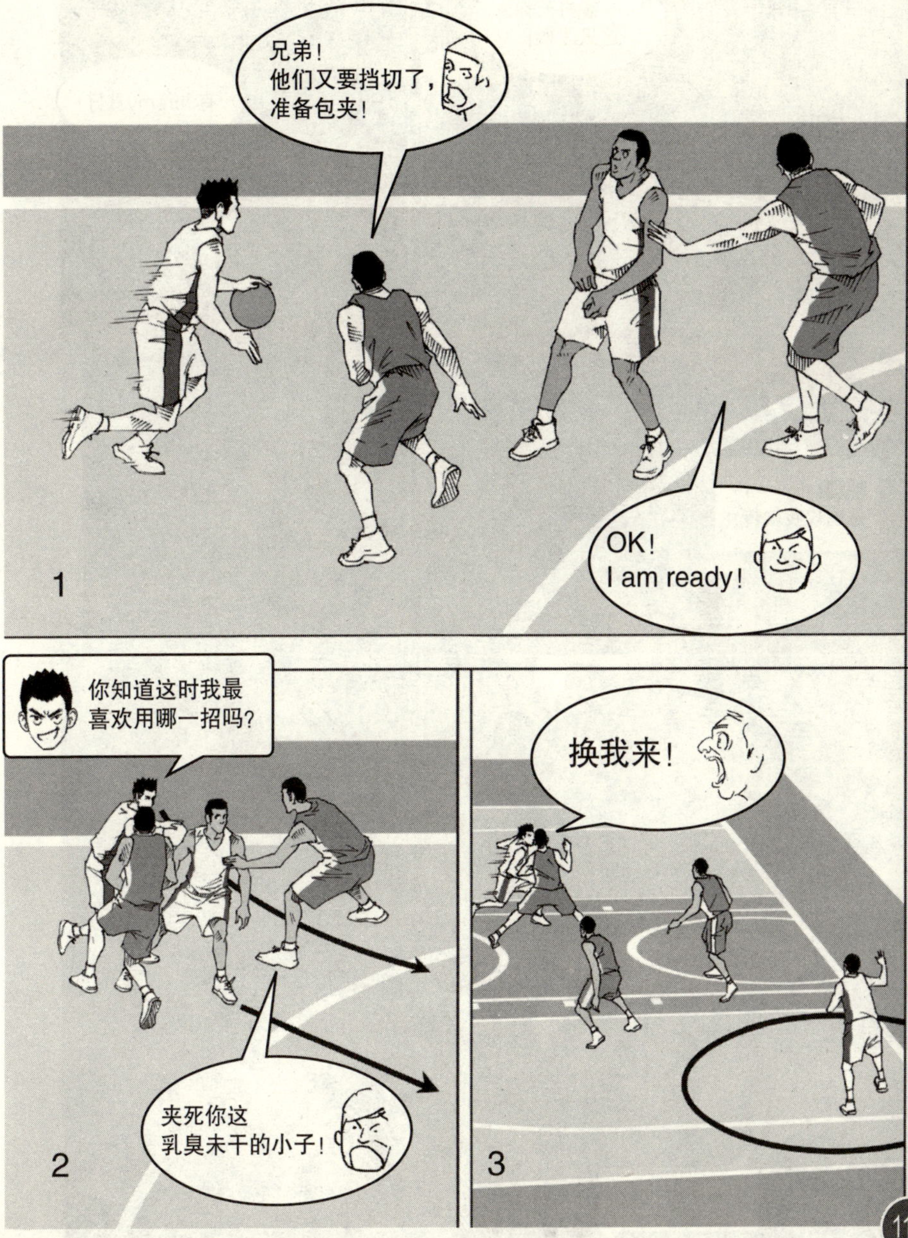

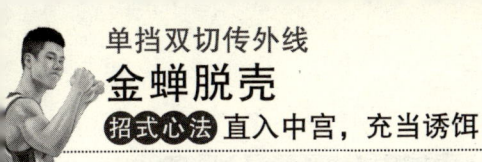

单挡双切传外线
金蝉脱壳
招式心法 直入中宫，充当诱饵

第 *16* 招 — 照亮别人

一掌打死你这只泼猴！

有Jeremy真好！

嘿嘿！被围攻我就传！

Thank you very much！

Piece of cake！

17招 天生我才必有用

上帝造人就是那么有意思，他不会给你十项全能，也总会留一条生路，让我们的生命可以找到出口。尽早了解自己的竞争劣势，强化自己的优势，是出人头地的高招。

> O…range你竟然会听成Oxhorn（牛角）？你已经不是在小牛队打球了耶，man？

> 不好意思……

第17招 天生我才必有用

诺瓦克（Steve Novak）个性温吞随和，虽然身长6尺10寸，但是他在高中时期就明白以自己的运动能力，在禁区很难跟天生爆发力十足的黑人抢拼，想一圆进入NBA的美梦怎么办？

他想："我唯一的优势是，我有一双触感敏锐的手，这对外线投篮是一项天生竞争优势。"

上帝造人就是那么有意思，他不会给你十项全能，也总会留一条生路，让我们的生命可以找到出口。

他给黑人一项大礼物——大肢体动作的爆发力和速度，可是在讲究精细动作的肢体末端手指，可就没那么厚待了。

2000年后，"大鲨鱼"奥尼尔（Shaquille O'neal）以他7尺1寸和300磅之躯，继欧拉朱旺之后称霸篮下十年，无人能挡，可是当他站到罚球线投篮，却比中学生还不如，投篮姿势活像在投铅球，任凭再高级的投篮教练也教不来，于是，对付他就只有一招，送他上罚球线！这就是当时有名的"猎鲨计划"。

到了2010年之后，江湖公认中锋第一把交椅就属"魔兽"霍华德（Dwight Howard），身高6尺11寸，弹跳能力和敏捷度都是不世之才。不过，他的罩门跟奥尼尔一样，手感欠佳。于是，敌队守不住他时就耍赖，搬出一样的"猎鲨计划"对付他，一样让他在罚球线糗态毕露，搞到竟然NBA为他修改比赛规则，在第四节尾段，不得对非持球者故意做出非必要的犯规。

尽早了解自己的优劣势

诺瓦克自认他的双手有天生比别人更柔顺的球感，于是，他从高中时期就特别苦练自己的三分线投篮，他知道，只要把这项功夫练到百步穿杨，他就有机会！

如何练外线才能事半功倍呢？NBA等级的球员通常用如下"牛肉BEEF特餐"：

BEEF是针对练外线投篮时，应该随时留意的动作口诀，B是Balance，从接球到跳起出手，要保持身体平衡，E是Elbow手肘正对篮筐，更容易掌握距离力道，第2个E是Eye，眼睛盯住篮筐，F是Follow出手跟随动作要确实，并感觉自然顺畅，让球在空中呈倒转状态，并且养成手掌心不触球习惯。最后是苦练，每次选择在10个不同定点，每日服用，每点投入100球为止。依此菜单，照此口诀，夙夜匪懈，必有大成。

而且，诺瓦克他也完全了解光凭一招三分神射讨生活，在NBA就只能当替补球员。

充分了解自己的定位，有什么好处？

当你处于安分知足的心态时，坐在冷板凳上，不会抱怨教练不重用你，而且会真心地当一个称职的啦啦队员，鼓舞场上队友的士气，因为你知道机会迟早会降临，那就是当战况需要以三分外线快速取分时。虽然坐在板凳，心理生理得都处在热机状态，一上场马上进入状况。

这种特性的球员，在哪一个团队都能融入，在任何一个总教练的眼中都是非常好用的人，虽然是绿叶配牡丹，但是绿叶也会有当英雄的一天。

诺瓦克习惯于当配角，习惯于在高位挡拆时，控卫林书豪和挡位中锋都没出手机会时，才会轮到自己，但是，当突然有一天，进攻布阵一开始就先设定他当第一男主角时，你知道吗？他竟然一时脑筋转不过来了！

2月6日对爵士一役，就发生如此一个趣闻：

比赛进入第三节，林书豪在阵中前两号大将安东尼和斯塔德迈尔缺席下，持续跳出来当主角，扮演进攻发动机和进攻的第一顺位，战况一直保持领先10分左右，丹东尼设计的"林体系"渐渐成型。

反客为主

1. 林书豪突然在一次控球组织进攻时，球都还未运过中场就大喊执行Orange阵法，这战术就是主攻诺瓦克的三分投篮，他要当进攻的第一顺位。

但见诺瓦克听而不见，仍然闷着头往底线走，显然违反此战术的走位方向。

2. 负责要帮诺瓦克单挡的队友杰弗里斯一看不对劲，心想："搞什么东西？"大叫一声，好不容易才把他的魂召回来。林书豪立刻以地下传球，把球送过去。

3. 诺瓦克接到球时，林书豪快步往他左侧切进。

4.5. 诺瓦克在林书豪跑到他身旁时，再传球给他，林书豪接球后大动作往底线切。这个切入，在敌队早站定防守位置，机会本来就不大，他如此敲锣打鼓佯攻，目的就一个——吸引敌队注意力。

诺瓦克趁机移位到原本林书豪控球的中军位置，亦即主客易位。杰弗里斯则移位到两人中间，截断敌队补给线，帮诺瓦克单挡。林书豪一看，诺瓦克已出现空当，再起身假装跳投，却突然在空中传球给他。

6. 敌队发觉不妙，要班师回守，但回防线路早被杰弗里斯占住山头，此路不通。

7. 诺瓦克在三分线外大空当接球，如鱼得水，接球就投，投了就进。

诺瓦克在这场球赛，以犀利的三分神射，继林书豪之后，正式加入"林来疯"行列。英雄人人都想当，他虽然不是锋芒毕露型，但是每个人在任何角落，都有机会成为英雄，只要身有一长！

往接球者空切，客主互换

反客为主

招式心法 传球空切，乾坤易位，招蜂引蝶，断其后路

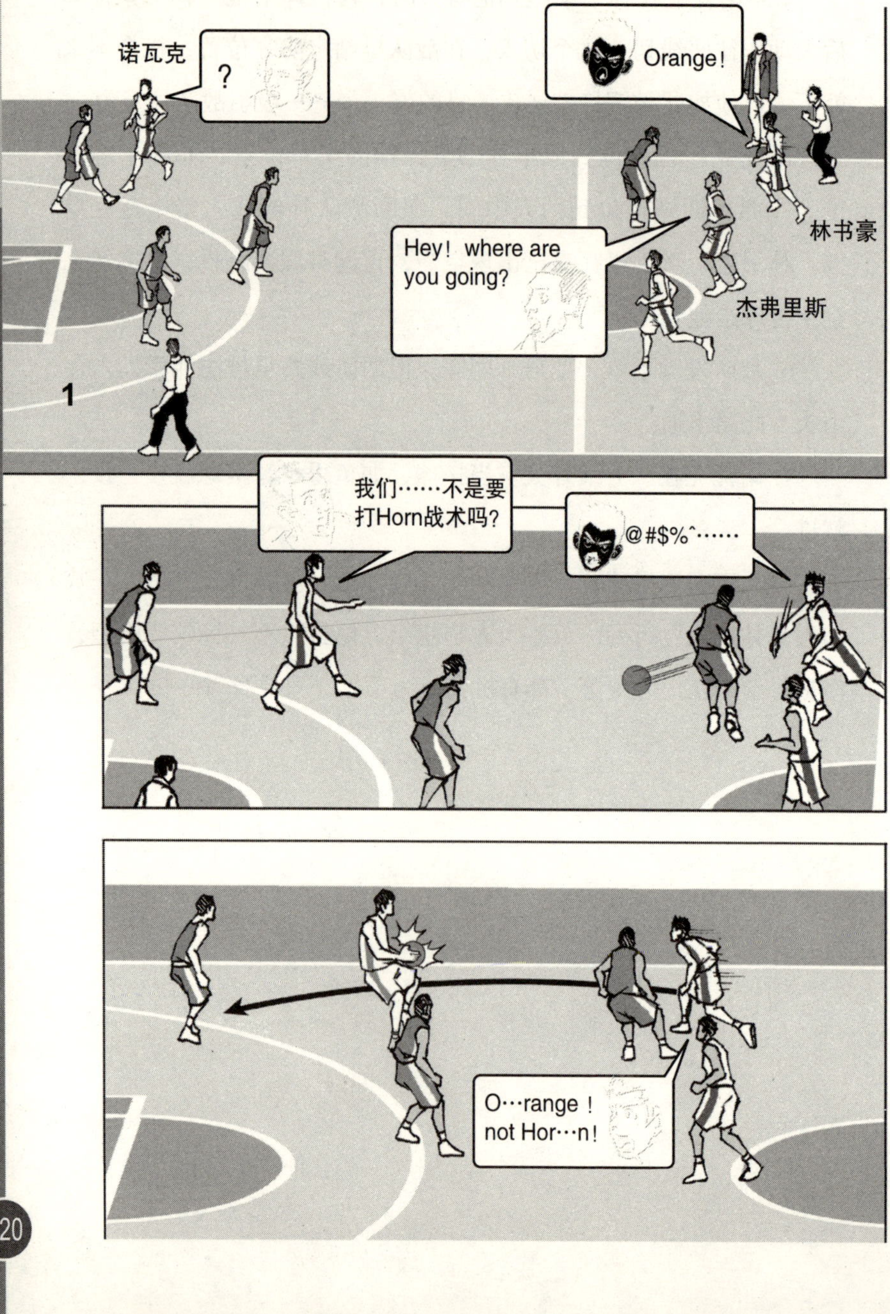

喂！到底是"橘子"还是"犄角"？叫我们怎么守？
真是的，连你们也听不清楚。
我……可是哈佛……美语正音班毕业的呢！
Why?
杰弗里斯
裁判！这记三分球不算！
诺瓦克
O…range你竟然会听成Ox hom（牛角）？你已经不是在小牛队打球了耶，man？
因为Jeremy发音不标准！
@#$%^…
不好意思……

18 招 分享

他突然集万般宠爱于一身，但是，他并没昏了头，因为他了解，今日他有这机会当英雄，除了自己能掌握机会之外，得有很多客观条件齐聚配合下，才得以成事。他要和队友分享这份荣耀！

第 18 招 分享

第18招 分享

在2月6日对爵士一役，林书豪从一开赛即满场飞奔，屡屡建功，满场尼克斯球迷被这毛头小子撩拨的如痴如狂，他突然集万般宠爱于一身，而这滋味是如此甜美！

但是，他并没被这突来的恩典迷昏头，也许是从小受教会的影响，他，不想独享这份人间美味，因为他了解，今日他有这机会当英雄，除了自己能掌握机会之外，得有很多客观条件齐聚配合下，才得以成事。

依他特长设计出来的"林体系"，队友为他确实的走位掩护做球给他，甚至球迷的欢呼支持，媒体的推波助澜等，缺一不可。他现在的第一个念头："我要和队友分享这份荣耀！"身为控球后卫，方法很简单，助攻！透过助攻，让队友得分，让他们一起参与"林来疯"的荣耀！

隔岸观火——单挡双切，佯投助攻

杰弗里斯（Jared Jeffries），苦力型替补前锋，擅守不擅攻，尤其擅长篮下卡位抓篮板，他在"林体系"中扮演随侍在林书豪旁边的门神大将。

林书豪要发动高位挡拆，他的单挡掩护扎实又到位，保证水泄不通；林书豪孤身要杀入篮下时，他多次披荆斩棘，以身力顶，硬是辟出一条活路，供他通关取分。台面上，只见林书豪在风光，不见台面下他默默努力为人做嫁衣。

此类型球员，确实很难榨出英雄汁，细数NBA历史，好像就只出一个乔丹年代的罗德曼（Rodman）还能在此苦窑闯出名号，那还得他够幸运，抬轿的对象是一百年才能出一个的迈克尔·乔丹，而且他得拼命抓篮板，每年拿第一，本身又够搞怪，拼命制造话题。

英雄别人当，苦力他在做，但是，杰弗里斯他却也是整个"林体系"之所以能发光发热不可或缺的环节，就好像一具火箭的一颗螺丝，不显眼，但是缺了它，这具火箭可随时会坠地全毁。

此等幕后英雄，有机会也得让他得分爽一下，以后他在干苦力时，心态会更平衡，林书豪心中暗下决定："换我做球给你吧！"

1. 杰弗里斯已在高位设下障碍，等着林书豪运球过来制造挡拆。外线伏兵诺瓦克则潜伏在远程底线，伺机而动。

2. 林书豪快步往右切，从他身旁闪身而过，杰弗里斯两腿一张扎实设下栅栏，顺利拦下防守者。这是挡拆战术可否顺利执行的第一步。

3. 第一步成功后，第二步花样就来了，林书豪和杰弗里斯同时往篮筐推进攻击。潜伏在底线的诺瓦克，同时起步往林书豪原本的攻击发动点进驻，这个移师动作目的是牵制守他的防守者，让他处于两难状态，到底要补位篮下呢？或盯住他的三分冷箭呢？

4. 想做球给杰弗里斯，林书豪就得往原本守杰弗里斯的人攻击，让他不得不全力迎击。这时，守诺瓦克的人决定出城移防诺瓦克，让篮下城内更是门户空虚，杰弗里斯这点机会大好。林书豪再以一招骑马射箭，完全牵制住防守者。

5. 突然收球往防守者腰际传球。

6. 所以，杰弗里斯这个成功挡拆得分，得感谢林书豪的佯攻做球和诺瓦克的移师动作，诺瓦克虽然是隔岸观火，但是他成功的把人引开，该记一功，而这整个挡拆移位能顺畅得分，也得从杰弗里斯第一步的成功单挡才能成局，环环相扣，缺一不可。

单挡双切，伴投助攻
隔岸观火
招式心法 单挡生火，双箭齐发，三路移行，四面楚歌

第18招 分享

1. 兄弟！来吧！
   多谢了！

2. 别客气！干这事我最在行！
   辛苦你了！

3. 双箭齐发！
   不！是三箭齐发！

127

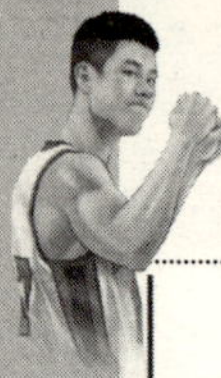

单挡双切，佯投助攻

隔岸观火

招式心法 单挡生火，双箭齐发，三路移行，四面楚歌

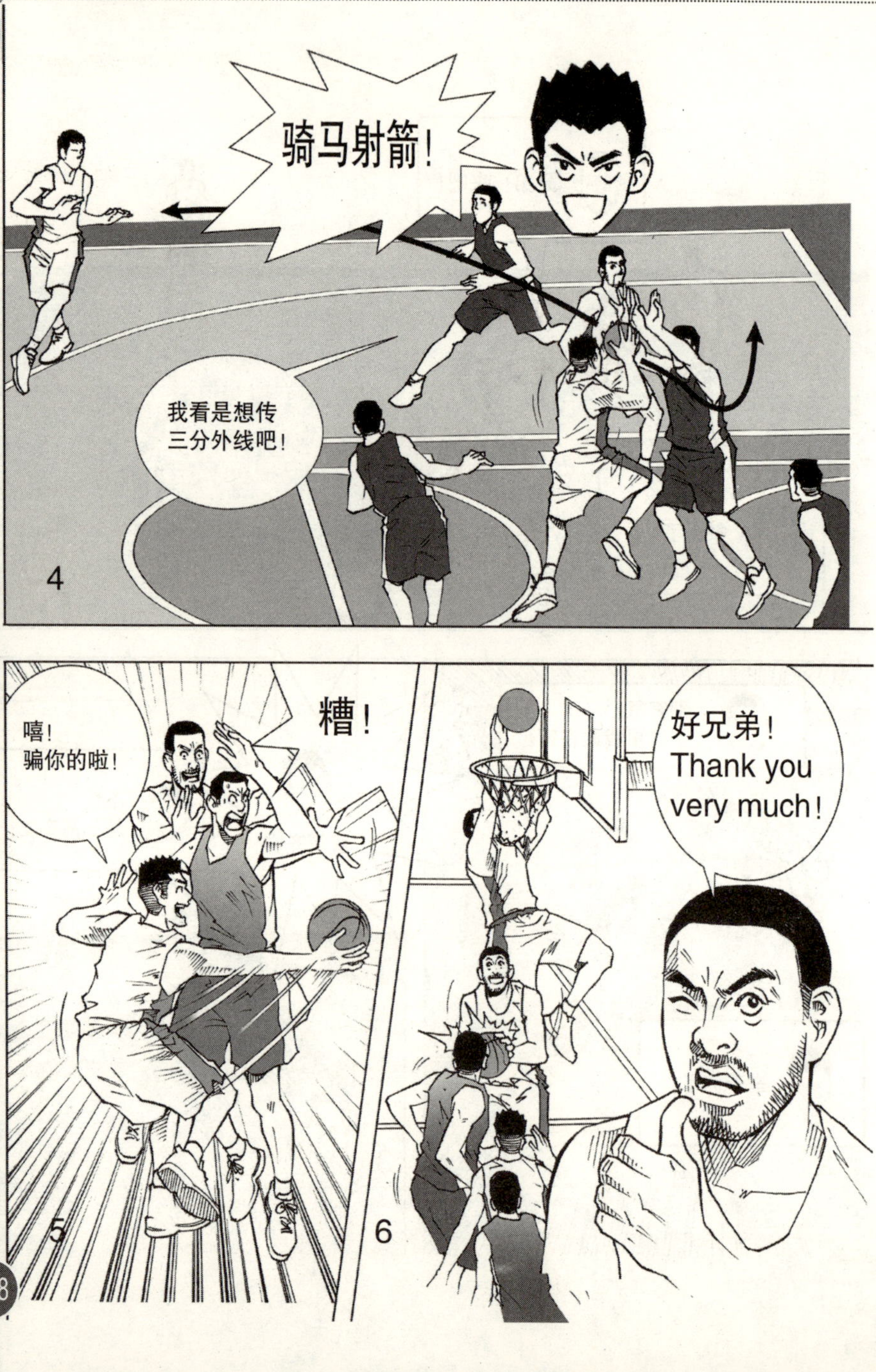

19招 蝴蝶效应

> 人心跟大气一样微妙，林书豪这只小蝴蝶挥舞的那股小风动，要形成一个龙卷风，中间一样得有很多客观条件的配合和避开很多阻力才能成形。

第 *19* 招 蝴蝶效应

第19招 蝴蝶效应

"一只蝴蝶,在巴西扇动它的小翅膀,会在美国得克萨斯州引起龙卷风吗?"

在气象科学中,为了形容在一个动力系统中,一开始一个微小变化,就能带动整个系统长期又巨大的连锁反应,特举出这个所谓"蝴蝶效应"的话题。这种连锁反应,在人跟人之间的互动中,也是随处可见,只是,我们常常忽视了那初始的微小动作。

在"林来疯"时期,尼克斯某一个球员在酒吧和队友闲聊时,说出他的感受:"Jeremy的疯狂表现后,让球队起了极大化学作用,现在球队的气氛变得好极了!"

林书豪在尼克斯队原本就像那只小蝴蝶,微小到要进纽约麦迪逊球场比赛,都被球场管理员挡驾,微小到在NBA可能就剩几天的寿命,在队上三巨头"甜瓜"安东尼、"阿嬷"斯塔德迈尔、"拳王"钱德勒面前,哪轮得到他说话的份,根本毫无影响力。

他在2月5日替补对上篮网之役,就这么一记挺腰骑马射箭得分,这只小蝴蝶挥动了他第一道微小风动,这道动力瞬间扩展到他全身,让他突破心魔,解放压力,在球场上破茧而出。

可是,一只小蝴蝶制造的微小风动,要变成一道巨大龙卷风,过程可没那么容易,没有地球上大气温度、湿度的适时配合,没有巧妙避开任何高山的阻挡,它难成其事。

人心跟大气一样微妙

人心跟大气一样微妙，林书豪这只小蝴蝶挥舞的那股小风动，要形成一个龙卷风，中间一样得有很多客观条件的配合和避开很多阻力才能成形。

路边一枝野草突然变成一棵大树，通常会发生两种状况：一是树大招风，二是树大成荫。想独揽功劳的人注定会树大招风，一旦招来忌妒，在一个团体里就会蔓延出"阻力"，破坏它形成龙卷风的可能。

在"林来疯"时期，尼克斯其他球员看着林书豪瞬间成为全世界注目的焦点，却几乎无人眼红，全队不管是老是少，都心悦诚服在林书豪的带领下冲锋陷阵。连跟他最有利益冲突的控球后卫尚波特、道格拉斯和老将毕比，从他们脸上那灿烂的笑容，都可以看得出来他们是真心为他高兴，这在人性里可是件相当了不起的征服，况且是在这弱肉强食、适者生存的NBA。

林书豪到底对他们施了什么魔法？

他就用一招——分享！分享荣耀，化解阻力！

当他展翅高飞时，在球场的沸腾表现开始影响队友，感染了每个人，也激励了每个人，让他们心生"有为者亦若是"，心想："林书豪能，我当然也能！"大气持续加温，同时又因他握有控球权，他掌握每位队友擅长的得分方法，设法设局助攻，让他们得分，于是队友也认为自己是创造"林来疯"奇迹的一分子。

这种良性循环，会产生加层的化学效应，风动在连锁反应下，越动越大，又巧妙化解阻力，就如同"蝴蝶效应"般，越同心协力，大家打得越好，越打得好大家气氛越好，于是媒体、观众跟着疯，一只小蝴蝶在纽约挥舞的一个小风动，就这样迅速扩大，竟然奇迹般形成一个席卷全世界的龙卷风。

所以，"林来疯"其实不光是林书豪一个人在疯狂，而是巨大的连锁反应，产生让人不可置信的群体效应。而这一切就从"无私的分享"开始。

而且，无私分享这个牵涉到"施与受"的人生哲理，往往就是这么奇妙，表面上"施"好像是吃亏，但是，冥冥中就是会让人得到惊喜的福报。

鸿运当头

2月6日尼克斯对爵士一役，离终场不到2分钟时，我们就见证了一个"好人有好报"的事实：当时，尼克斯在林书豪的首次先发带领下，一路压着爵士打，但是爵士顽强抵抗，比分才落后6分，仍在可能逆转的范围内。林书豪和钱德勒在高位挡拆不成后，发觉他的周遭敌军重兵驻守，把球辗转送到弱边尚波特（Iman Shumpert）手上。

尚波特，身高196厘米，体能是天生资优班，单打功力也是一流，在林书豪还在抓着"板凳"浮沉时，他曾经一度是尼克斯先发控卫，但是当林书豪爬上岸并展翅高唱"苍海一声笑"后，板凳？歹势，林书豪坐完换他坐。但是，他有另一项特长，偏爱防守敌队最"嚣张"的人，也特别下功夫看影带研究，所以在这球队分数领先的节骨眼，丹东尼派他上场守城是有道理的。

这时，在林书豪的授意下，大家开始移阵，空出大半边，准备让他秀一下他"钉孤枝"的功力。

"也该让他露脸一下了。"

1. 尚波特盛情难却，在板凳闷了一晚，差点闷出鸟，瞬间眼冒杀气，准备借机消消他的年少火气。一个胯下换手运球，逼进防守者，立刻拔刀往左砍去。

2.3. 虽然没有成功过人，但是把防守逼退到篮下，尚波特强行硬吃，起身投篮。球没进，跳到对面篮筐边，篮下挤成一团，拳王钱德勒虽然被卡位在外，但是他使出他的看家本领"隔岸拨月"，抓不到就拨出去，伸手跨过防守者，把球往外一拨。

4. 嘿嘿！妙就妙在这里，只见球在空中好像长了眼睛般，就这么不偏不倚，直往站在三分线外的主人林书豪飞去。

5. 林书豪接到球时，因为防守者都挤到篮下抢篮板，一个大空当！他起身就跳，再拿3分。

这记幸运的3分投篮，到底是林书豪鸿运当头，挡都挡不住呢？还是上帝为林书豪今晚首度先发安排的Happy Ending，让大家见证"施比受有福"呢？

或许，观众席上他哈佛校友为他特制的T恤，上面印上的字"The Jeremy Lin Show。We believe"也可解释，"球真的不会说谎！越有自信，大家越相信，球也越听话！"

分数拉大成86比95，时间剩不到2分钟，爵士一棒被他钉在木板，今晚几乎是永不翻身了。

他不禁露出儿时偶像迈克尔·乔丹的七爷长舌，高兴得像小孩子收到圣诞礼物般。

坐在板凳的队友兴奋不已，观众齐声赞叹，他父母在家里看着电视中的儿子，终于苦尽甘来，忆起过往，不禁哭成一团。这场首度先发他结实地拿下28分、8次助攻、2次抢断，隔日各大媒体大肆报道，直指："尼克斯要的人就是他啦！"

"林来疯"这百年仅见超级龙卷风正式成形。

三分外线

鸿运当头

招式心法 球不说谎，越有自信，球越听话

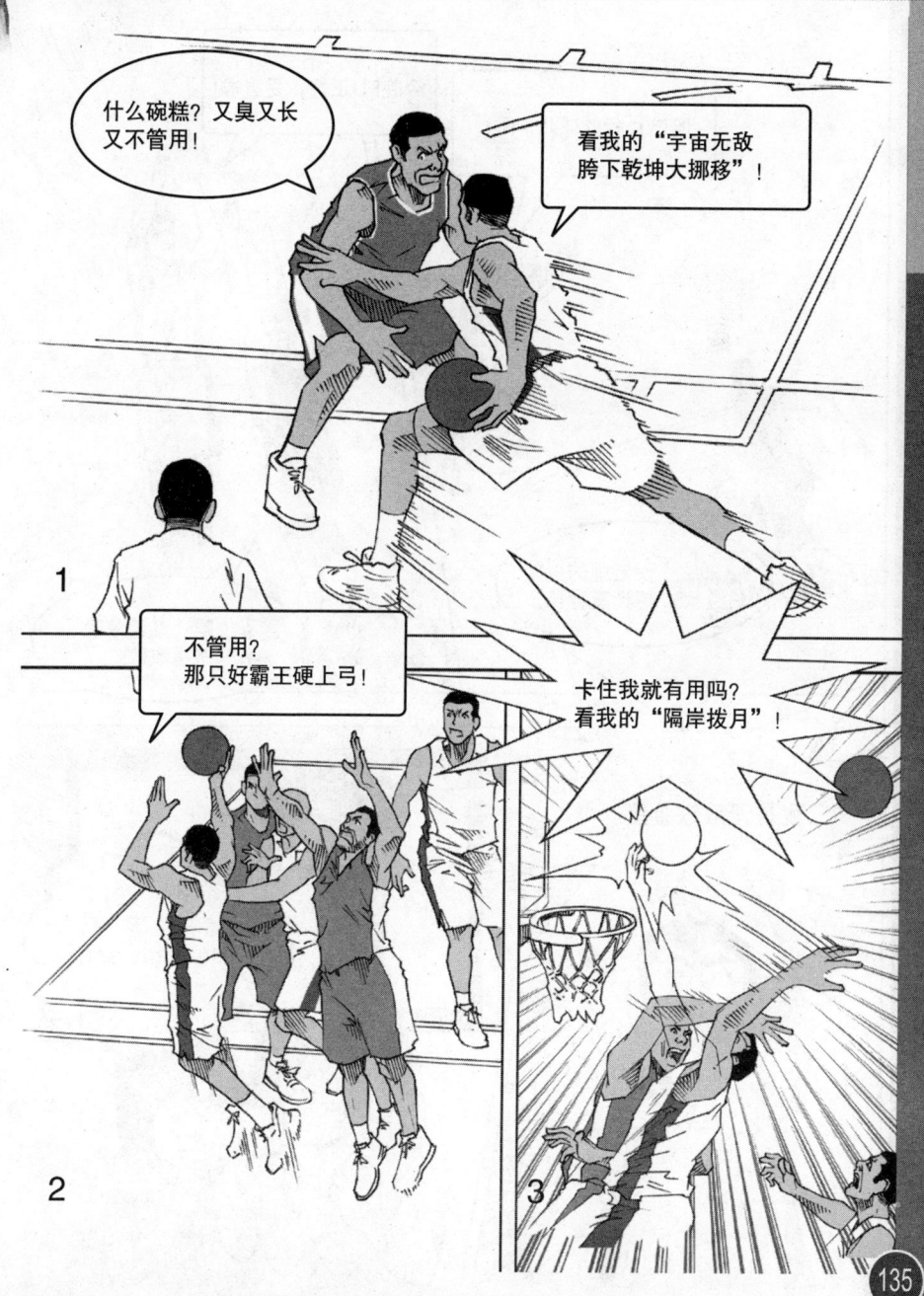

哈哈！我的球儿，乖！
伊老师的！
球运真背！
4
今晚FU正好，妥当啦！
唉！难道今晚
贼星该败？
5
我是无敌铁金刚！！
He is my son…

20招 湖人，你怎么了?

林书豪在纽约搧出的"蝴蝶效应"，那是正面能量，但是蝴蝶效应也有负面的，它可会严重破坏全队士气。重复笔者前章提到的："这种连锁反应，在人跟人之间的互动中，也是随处可见，只是，我们常常忽视了那初始的微小动作。"

第20招 湖人，你怎么了？

林书豪的首度先发秀，在纽约麦迪逊广场这一趟陈年死水，再度激起汹涌波浪后，隔日Bleacher Report美国运动网站先开了第一枪，举杆拥戴说："尼克斯要的控球后卫就是林书豪啦！"

一口咬定林书豪过去两场的狂飙绝对不是运气好，并列出五大理由以佐证他的论调——进攻、防守、毅力、领导力和无私。

文中指出过去的两场比赛已证明林书豪有每场拿下25分以上的实力，最重要的是他两场比赛共送出15次助攻，也证明他能让队友更融入比赛，货真价实是A咖控球后卫。

"让队友更融入比赛"即笔者前面提到的"自己能打得好是一回事，让队友也打得好又是另一回事"，这种能力尤其是身为控球后卫，更是珍贵。

篮球比赛场上5名队友如同5双筷子，如果抱着"兄弟爬山，各自努力"的心态，肯定被个个折断，如果绑在一起则团结力量大。

这个观念其实了无新意，NBA每个球员从初中阶段，想必他们的篮球教练就如同老妈的叮咛，照三餐在他们耳边："Teamwork! Teamwork!"地叫，但是"知道是一回事，做又是另一回事"。

紫金军团变成肉包军团

举一个NBA有史以来最惨的案例：

2012—2013球季湖人重金挖来当世第一中锋"魔兽"霍华德（Dwight Howard）和MVP等级的纳什（Steve Nash），加上原本的当世第一单打高手科比·布莱恩特、西班牙第一中锋加索尔（Pau Gasol）共组那轰动武林、惊动万教的"新F4"。这么多"第一"凑在一队，球季未开打，江湖众好汉心中共同的一句话："这球赛还需要打吗？大伙只有争第二名的份！"

但是球赛一开打，眼镜掉满地，阵容空前的"紫金军团"变成"肉包军团"，人人都说好吃，上半季未打完，湖人空前连败，湖人前名将"魔术师"约翰逊就断言："完了！一切都完了！"

问题到底出在哪里？

前章提到林书豪在纽约搞出的"蝴蝶效应"，那是正面的，有益身心健康，但是蝴蝶效应也有负面，它可会严重破坏全队士气。重复笔者前章提到的："这种连锁反应，在人跟人之间的互动中，也是随处可见，只是我们常常忽视了那初始的微小动作。"

布莱恩特的嘴炮

球季即将开打前，某记者唯恐天下不乱的问布莱恩特："'魔兽'霍华德来湖人后，嘿嘿！你看现在湖人应该谁是大当家？"

布莱恩特毫不掩饰就回道："当然还是我！霍华德想当老大？等我退休吧！"记者挖一个洞，他毫不在乎就往下跳。

季赛未开打，先跟新来的队友放话，这是我的地盘！霍华德好歹也是江湖公认中锋第一把，他摸摸鼻子没吭声，但是心中肯定不是滋味。这是布莱恩特这只超级大蝴蝶搧出的第一道负面风动——画地自限。

"我是球队老大"的意思就是，进攻战术是以我为中心，再向队友延伸。意即每道菜老大先吃，再轮到你们"细汉的"。至于终场前的逆转压哨球，这种当英雄的机会呢……当然也是老大的份！

也因为布莱恩特此等高姿态，从此，霍华德知道他和布莱恩特之间就是纯粹的"队友"，不可能变成"朋友"。

自居是湖人老大的布莱恩特，单打功力当世第一毋庸置疑，打球态度也律己甚严，湖人连连惨败期间，他每场球赛都拼死拼活，快打满40分钟，账面上纵使个人仍是全NBA得分王，但是结果呢？孤掌难鸣。

他搧了第一道蝴蝶风动之后，连锁反应会迅速扩大的第二个原因来自于他自认单打举世无双，导致他"只相信自己，不相信队友"。

当心态如此时，空有团队观念，做出来的就不是那么一回事了，尤其在第四节最严重，只见他老兄拿球就独干，队友晾在一旁，晾久了纵使身体不凉，心也凉了一半，没有参与感，就影响节奏感，没节奏感，攻守全都变了样。

再说，他很多独干的球，都是在勉强状况下出手，导致命中率往往在三成上下，这意思代表他浪费掉全队不少的进攻权，成本太高，入不敷出。

笑口常开也会中枪

那霍华德呢？他个性粗线条，天真活泼，笑口常开。这原本没什么不好，但是他似乎只凭仗着天赋在打球，对于求胜的欲望远不及布莱恩特，导致看他比赛，他形于外的态度就好像在打东西区明星赛，那是在打夏令营同乐会。

球队战绩要是亮眼的话，这些都不是问题，但是当湖人一场接一场，钻石被当成肉包在打时，大家火气越打越大，于是眼中看到的都是彼此的缺点，忘记了彼此的优点，当然越看越不顺眼。

偏偏霍华德在肩伤请病假期间，有场比赛，湖人"照例"一路被压着打，正当大伙遍体鳞伤，身心大受摧残之际，现场负责电视转播的人也真的厉害，突然镜头拉到坐在旁边观战的霍华德，只见他老兄面露天真无邪的笑容，正和坐他旁边的人谈笑风生，两相对照，形成强烈的对比。你想布莱恩特看到此镜头做何感想？

难怪打到最后，火山终于爆发，他们两人在休息室翻脸开骂。

布莱恩特怪霍华德："你打球太不积极！"

霍华德则怪布莱恩特："你太滥投了，我在内线都要不到球！"

布莱恩特辩道："拜托！我有出手机会，可是我仍然试着要传球给你，但是你反身背向我，怎么给？结果害我像个白痴！为了要找机会喂球给你，却让我失去打球节奏，你知道吗？"

霍华德："啊你嘛帮帮忙！就这么一次，你也说得像二五八万，那一次是因为我以为你又要独干了，我当然急着反身抢

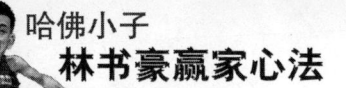

篮板！"

相骂无好话，尤其在双方都气急败坏时。看来就像两个被宠坏的小孩，俗话说："人丑怪父母，歹运怪政府。"千错万错都是别人的错。双方都以"自我"心态责怪对方，浑然不知彼此在初始的某一动作，已经搧出"负面的风动"，种下了"因"经过连锁反应才酿出此后"果"。

引擎空转

在纳什伤后归队，原本寄望这位德高望众的组织高手能出面整合，但是球队继续沉沦。这时，为什么他语重心长地说："全队在场上实在太过于懒散，甚至是偷工减料。"

因为他看出问题的症结所在，但是他只是婉转点出了"果"，没指名道姓点出"因"，因为如果他指名道姓的话，那他可能变成另一只"负面蝴蝶"了。

于是，霍华德空有当今最有禁区破坏能力，却用不到三成功力。

布莱恩特空有当世单打第一高手封号，耗尽体力，却换来"滥投"罪名。

纳什空有当世第一的组织能力，但是组织一半就没了。

丹东尼空有满腹阵法经纶，却沦于纸上谈兵。加索尔（Pau Gasol）呢？他坐在家里也中枪，丹东尼擅长的跑轰打法，要求球员打快，无奈他什么都好，就是速度不快，于是沦为替补，坐在板凳也怨声连连。

"新F4"个个身价高贵,却以廉价方式在跳楼大甩卖,这真是NBA有史以来最经典的"蝴蝶效应"负面案例!

从这案例,让我们了解"让队友更融入比赛"的能力是多么珍贵,也更可明白林书豪这只原本微不足道的小蝴蝶,竟然可制造一个袭卷全世界的龙卷风的真正原因。

2012年2月9日尼克斯遭遇华盛顿巫师,赛前,仍然有不少人抱着怀疑态度,不太相信林书豪有足够能耐当"救世主"。但是龙卷风已成形,自不能挡,从开赛到结尾毫无冷场,仍然是超级巨星的演出。

光是在这场比赛,林书豪就示范了好几招"让队友更融入比赛"的范例,而且参与演出的队友,不需要如布莱恩特、霍华德之流的超级巨星。

打草惊蛇

"让队友更融入比赛"的心法,在于掌握队友最拿手的得分方法,抓住他们行进间习惯的节奏。"

钱德勒最拿手的就是高位挡拆后空切禁区,接到球后攻击篮筐,他身长7尺1寸,动作敏捷,球风强悍,身体又够壮,在禁区一球在手,犹如手握屠龙刀,刀法不用细腻,光靠那浑重刀锋就可大杀四方;而林书豪犀利的切入,则如倚天出鞘,寒芒吞吐,电闪星飞。

刀锋浑重,剑走轻灵,刀剑合璧,相辅相成,无坚不摧。

1. 一开赛没多久,尼克斯仍然摆出总教练丹东尼惯用的"空城计"，林书豪在高位运球指挥，除了拳王钱德勒在旁随时策应，其他队友分站三分线外。

2. 攻击开始发动，钱德勒趋前和林书豪做高位挡拆，林书豪立即顺势往左切。

3. 钱德勒成功阻扰了守林书豪的人后，立刻离开往禁区切。

4. 林书豪切到罚球线附近，已引来另外两位防守者补位，这时，他使出本招"打草惊蛇"。要抓躲在草丛里的蛇，得先敲锣打鼓把它惊吓出来，林书豪用的方法是：收球做势急停跳投，以吸引原本守钱德勒的人出来守他。

5. 为什么单单要惊吓这只蛇？

因为当他成功牵制住这只蛇后，再突然一个地下传球给正往篮下切的钱德勒时，这只蛇发觉不妙要回防时，钱德勒接球同时已站住切入优势了。

6. 林书豪这个喂球看来就这么顺畅轻松，钱德勒在"林来疯"期间，为什么也是他在尼克斯最抢眼的时候？就因为他们俩的高位挡拆实在是绝配。

假投地下传球

打草惊蛇

招式心法 敲锣打鼓，打草惊蛇

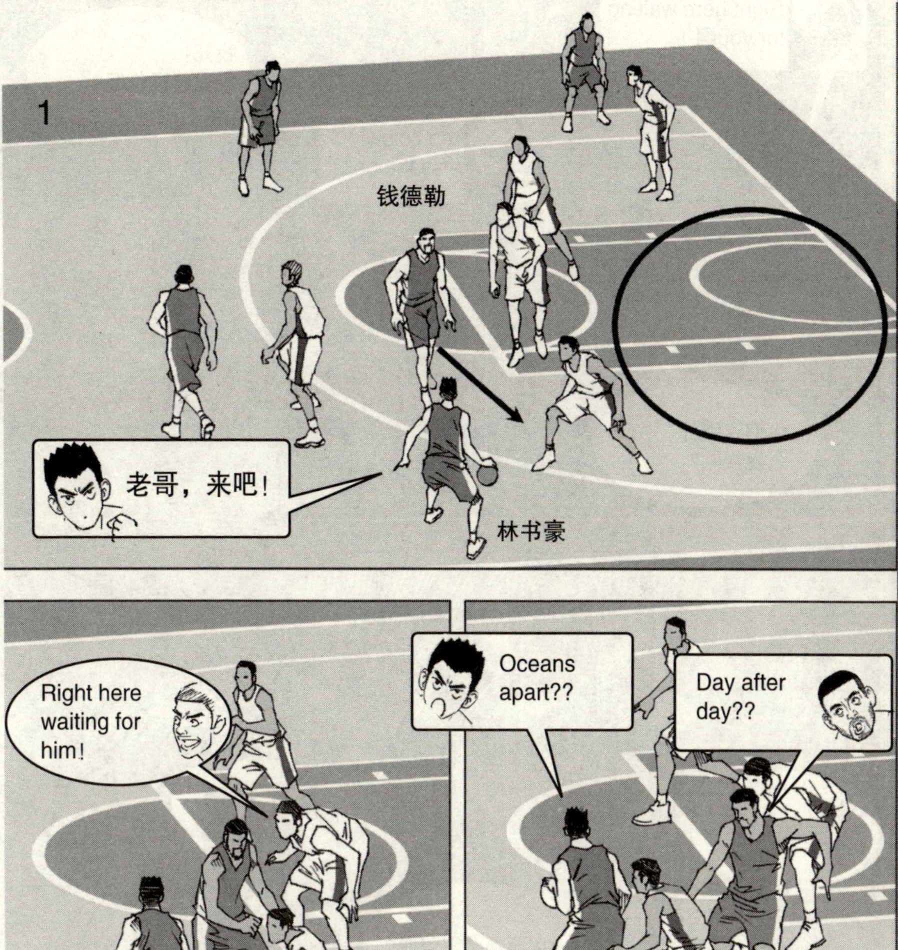

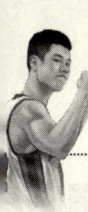

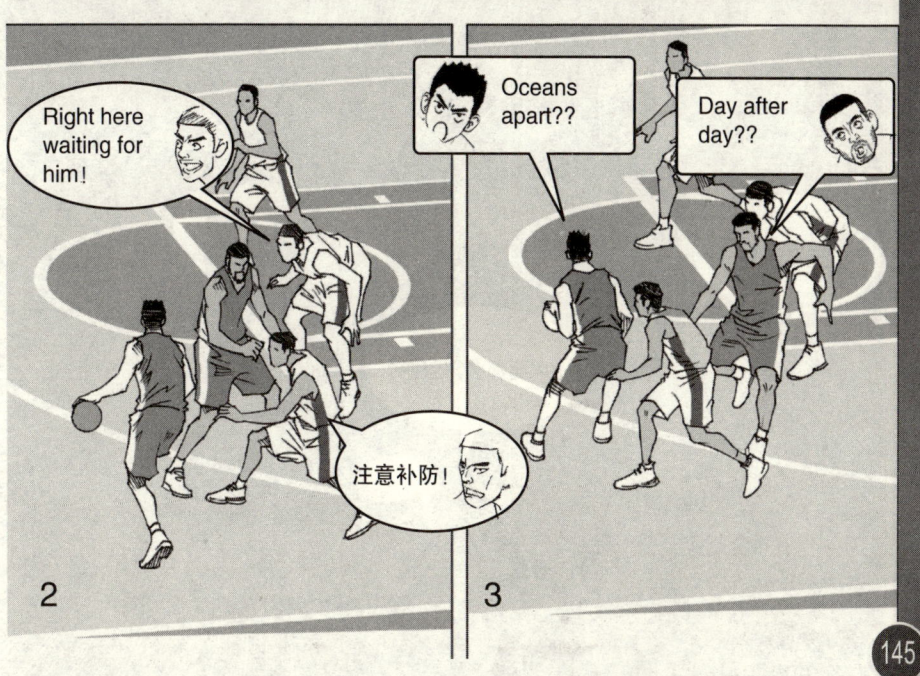

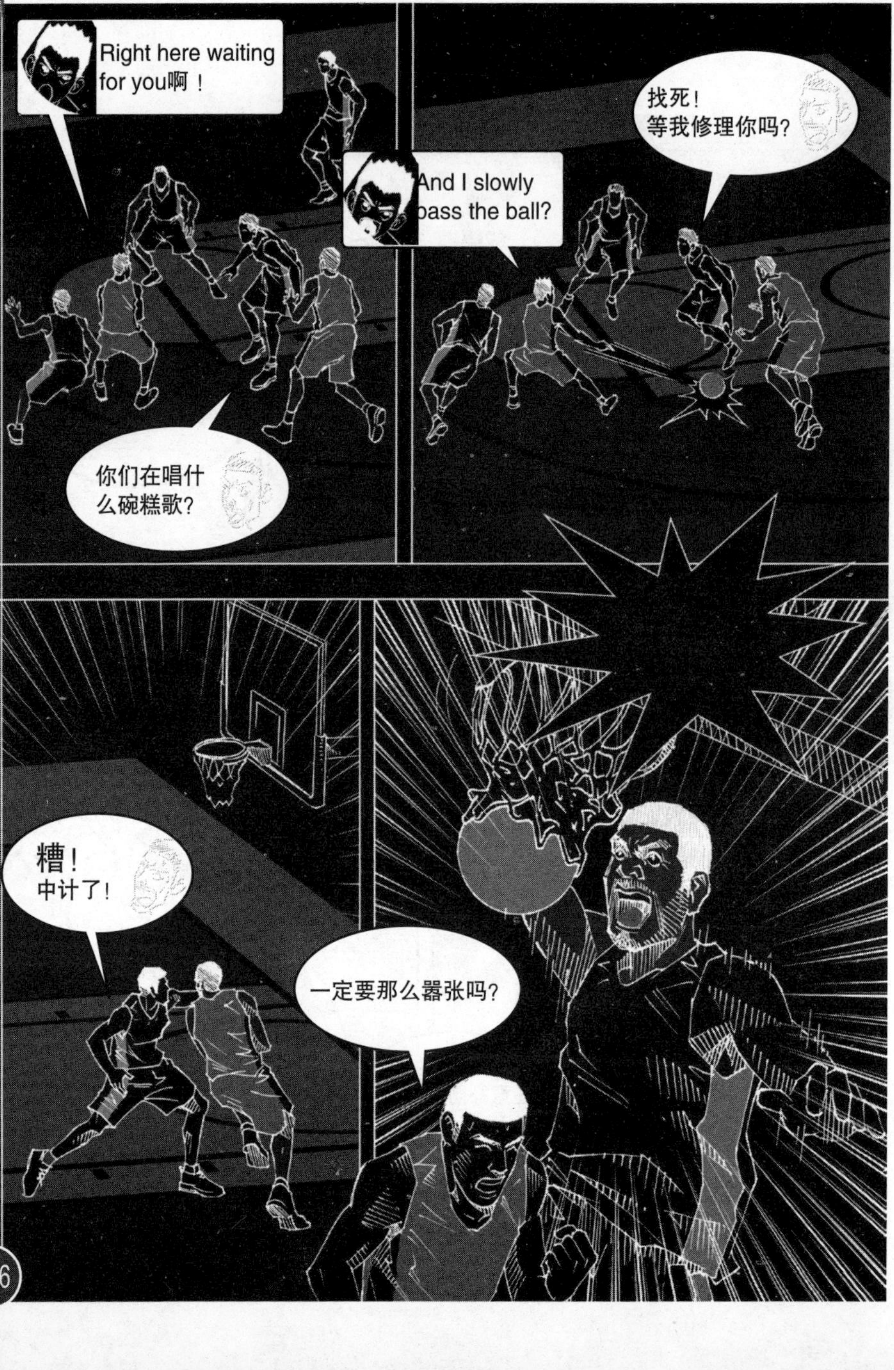

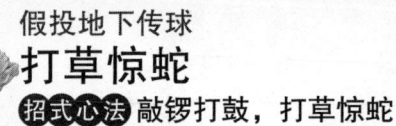

21招 地球不是以你为中心在运转

安分当"配角"的人,他们的思维是——我如何配合团队。当惯主角的人,则是——团队如何配合我。

第21招 地球不是以你为中心在运转

我小时候很爱胡思乱想。

有一次,斜躺在鹿港老家的空地,繁星满天,虫声唧唧。你知道,在50年代末的鹿港,太阳一下山,好像户户晚饭过后,就急着熄灯抱老婆睡觉去。大地一片寂静,路灯的亮度,恐怕跟大树下那几只正在嬉戏的萤火虫差不多,所以毫无光害,浩瀚夜空,星光点点,令人心旷神怡。偶尔还可看到流星突然划过天际,让我非常兴奋。

突然,我想到一个让我很苦恼的问题:"天上这么多的星星,每一颗都离我们那么远,那到底哪一颗离地球最远?"

接着又连想:"宇宙到底有多大?总该有个尽头吧,可是尽头的后面又是什么?"

"所以根本就不会有尽头嘛!可是,如果宇宙没有尽头,那不是太虚幻了吗?那我眼前这一切事物,是不是根本都是虚幻的!"

那个年代,我好像找不到一本供儿童看的自然科学,让爱因斯坦来给我解惑,于是,接下来是我自认最经典的胡思乱想:"如果我眼前看到的事物都是虚幻的,那我本身是不是也只不过是一场虚幻的梦,我是这梦中唯一主角,所以,我走到任何一个地方所遭遇的任何人和事物,他们都是配合我的梦境才出现的,我不在现场时,他们就自动消失了。"

这意味着，我是地球唯一的主角，地球是以我为中心在运转。

"自我"的共同的特征

当时我小小年纪，想到有这可能，不仅是让我苦恼，也是很大冲击，所以我到大约读大学时，仍然对我读小学时想到的这问题耿耿于怀，不过，心境有转换，苦恼不再，反而很自鸣得意，认为自己在小学时就会想到此等宇宙的奥妙，可见我是天生深具慧根。

到出了社会，年过半百，历经人生百态后，才惊觉，哇啊！原来有这么多人跟我一样，也有我小时候这同样的想法，"地球是以我为中心在运转，我是唯一的主角"。

真是德不孤，必有邻！

有同样这想法的人，有些共同的特征——通常自己不会发觉，也或许是潜意识就拒绝承认。当别人违反这运转定律，都是不对的，不应该的，因为"我"是唯一的主角，思考逻辑都是以"自我"为中心来论断是非。

有这种特征的人，不一定是天生俱有，可能是后来经过别人不断姑息或吹捧，让他也慢慢相信自己是唯一主角。最明显的是古代的皇帝，随时随地都有臣子说他多么英明，多么睿智，于是皇帝真的会以为自己是奉天承运，无所不能。

可是，当有如此两个主角碰在一起时，糟糕！问题就来了！

科比·布莱恩特和"魔兽"霍华德会起冲突，就是一例。

诺瓦克的配角哲学

自居当"配角"的人，就不会有这种苦恼了。在林来疯时期，也快速发光发热的诺瓦克（Steve Novak）就是经典一例，在2012—2013年球季，在林书豪被火箭硬是挖角后，他没了"林体系"的照应，立刻又被打回原形，安分坐在冷板凳。

直到球季快过半，尼克斯新教头伍德森（Mike Woodson）才突然心血来潮说："我……准备让诺瓦克有更多参与进攻的机会，从现在开始，我……我将让诺瓦克回到他该有的定位。"

说得口沫横飞，仿佛发现至宝，殊不知诺瓦克在"林来疯"时期，早证明他有一场拿25分的实力，及三分线命中率全联盟数一数二的能耐，而且，也已被冷落快半个球季。

但是看看诺瓦克，听不到他抱怨一句，对于教练突来的器重，他云淡风清地回道："我明白有时候我可一场拿下25分，有时候却一分未得，我们是一支有深度的球队，所以总会有些球员在比赛中手感特别好，而我会继续做好我该做的事情，然后保持自信，不论是要我当诱饵还是射手，我都会尽全力做到最好。"

他回应的太好了！短短一段话，已足够拿来供修"说话艺术"和"团队合作"课的学生当范例。

好在哪里？

1. 不来虚伪的客套，表明自己是很有效率的投篮手，虽未被善用，但措辞真诚婉转，不带怨气不带刺。

2. 以理解口气帮总教练找台阶下，尊重总教练的调度思维。

3. 被冷落时心态正确，保持自信。

4. 全队胜负摆第一，纵使当诱饵也要做到最好，毫无"自我"牵绊。

安分当"配角"的人，他们的思维是——我如何配合团队。当惯主角的人，则是——团队如何配合我。

远交近攻

回到2月9日尼克斯对巫师之役，特别选一招给大家瞧瞧，当诺瓦克被善用及当他有林书豪穿针引线时，他的威力有多大。

1. 这招"远交近攻"，作战大原则是林书豪和钱德勒发动近方攻击，实则是设局给远方的诺瓦克出手。方法：摆出"锅盖阵势"，林书豪在锅盖柄端运球，钱德勒在旁，两人间拉出的一条虚线，即是盖柄，其余3名队友分站锅盖上，仍然是丹东尼总教头惯用的禁区中空阵法。攻击发动方式，林书豪运球往右切，钱德勒负责掩护和挡拆。

2.3. 钱德勒单挡成功后，和林书豪都往内切，林书豪往原本守钱德勒的防守者B左侧切，钱德勒则往防守者B的右侧切，逼原本看管诺瓦克的防守者C得移位补防钱德勒。

4. 林书豪收球高抛钩传，这个传球有欺敌作用，因为在这传球路径上，看起来像是要传给正往内切的钱德勒，会迫使防守者C弃守诺瓦克而防钱德勒。

这样一来，埋伏远方的长程狙击手诺瓦克出现空当，他接球就

哈佛小子
林书豪赢家心法

射，一刀让对手毙命。

诺瓦克很确信自己拥有全联盟数一数二的三分神射，被冷落时，不失志、无怨尤，耐心等机会，这种打球心态，是他在机会来时，为何能掌握的原因。

球不会说谎，只要是好汉，保持自信，球一定会还你公道。

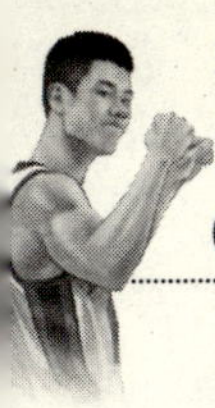

单挡右切传对角

远交近攻

招式心法 项庄舞剑，意在沛公

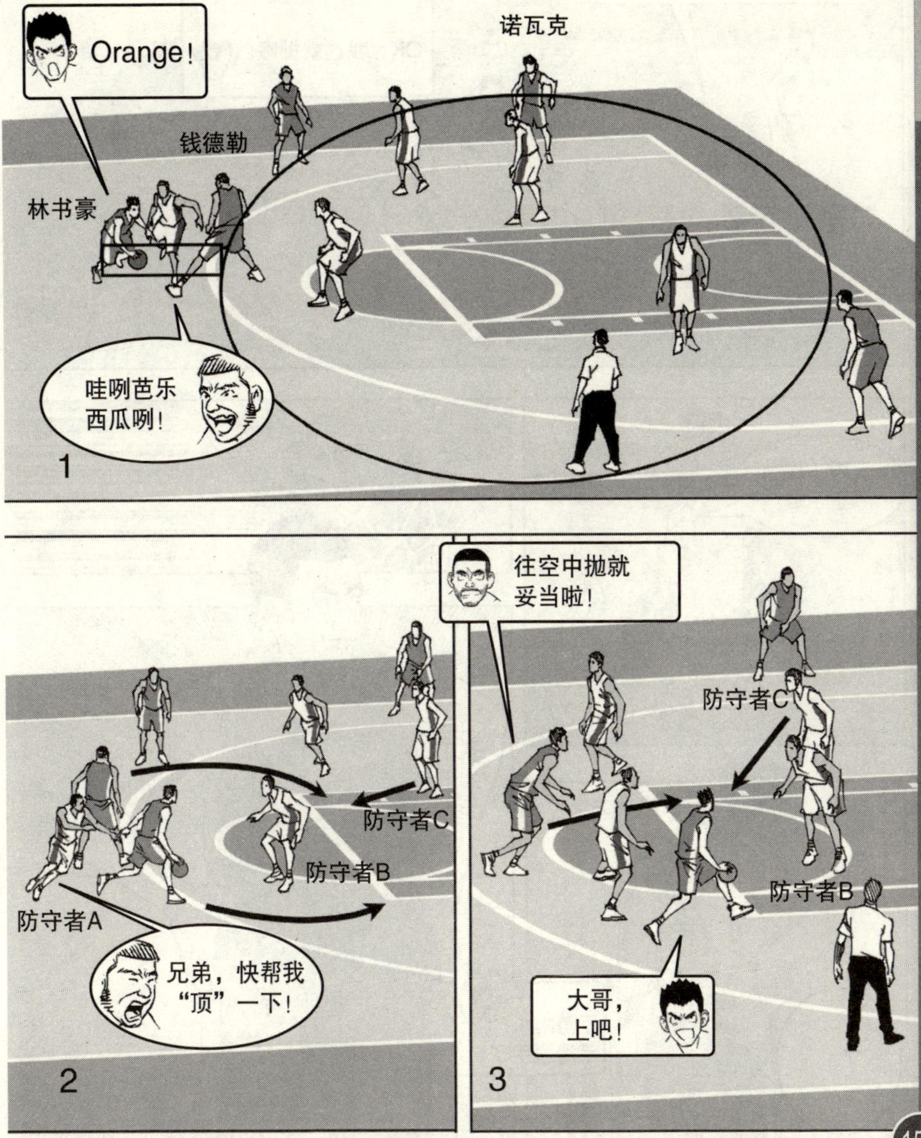

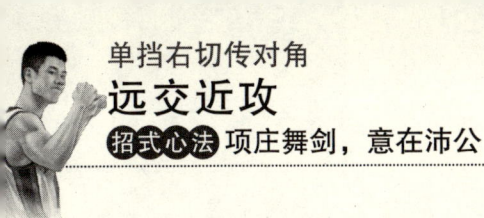

单挡右切传对角

远交近攻

招式心法 项庄舞剑，意在沛公

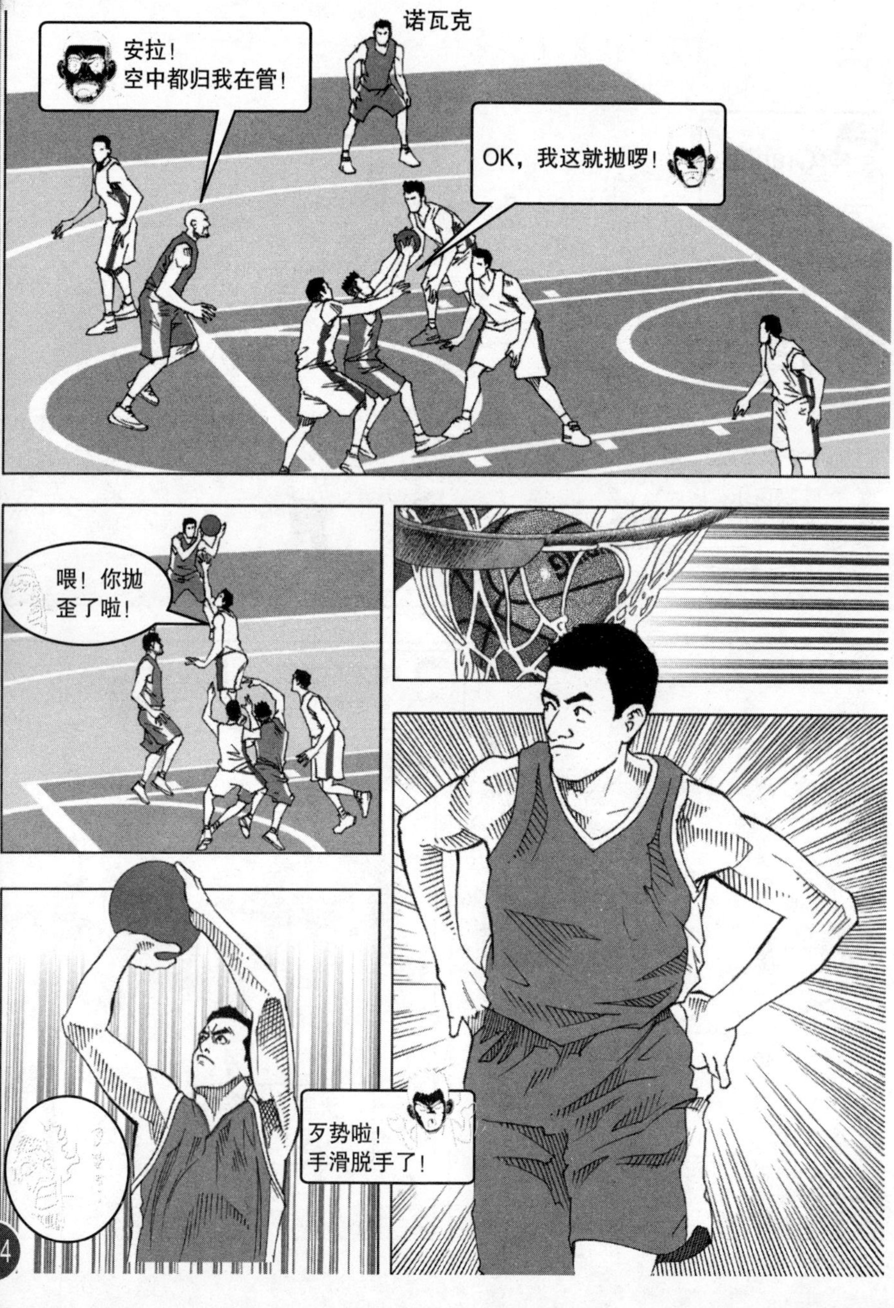

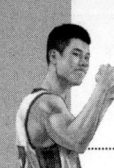

第22招 没有标准答案的问题，怎么解？

当学生时，面对课业难题，总是有标准解题公式，但是当面对人生千奇百怪的难题时，怪了，全不是那么一回事，往往不仅没有标准解题公式，甚至也没有标准答案。

第22招 没有标准答案的问题，怎么解？

不管你是不是湖人队的球迷，咱们一起脑力激荡一下，想想2012—2013年球季湖人所碰到的"病征"该怎么医，如何？

因为，这是一个21世纪超经典的案例，它跟球技毫无关系，而是彼此的"人际互动"出了问题。这种困境，每个人在一生当中，随时随地也都会碰到。

当学生时，面对课业难题，总是有标准解题公式，但是当面对人生千奇百怪的难题时，喔喔，怪了，全不是那么一回事，往往不仅没有标准解题公式，甚至也没有标准答案。

"人际互动的难题"是其中之一，它往往藏在不是绝对黑白的灰色地带，让人吵到脸红脖子粗，也争不出一个真理来。碰到问题就得想办法解决，"解决问题能力"，可是评估一个人"办事能力"的重要指标。

可能两边都是对的，只是角度不同或在乎的先后顺序不一样，这时，就考验当事人的沟通技巧；也有可能两边都有部分的错，这时就考验他们的自省能力。

湖人队的病征，病根主要出在科比布·莱恩特和魔兽霍华德之间的心结，他们两人是队中两大王牌，主角不同心，连带影响全队打球气氛，一个球队在凝聚力涣散情况下，想光靠个人球技掩盖病情，难度是很高的。

借别人的经验学习

如何医治呢？有人说，聪明人靠经验学习，但更聪明的人是借别人的经验来学习。这么一个绝佳案例，咱们不好好评头品足就太可惜了。

身为队中总教练的丹东尼责无旁贷，看看他的反应和方法。

当布莱恩特和霍华德两人在球员更衣室，正式搬到台面上的消息曝光后，丹东尼接受洛杉矶时报访问时说：

"我到湖人带队，是要来赢球的，不是来跟球员套交情，打成一片的。"

"我知道现在队中气氛欠佳，但是每个人都有自己的任务，我唯一能够要求球员去做的，是在比赛中卖力打球，至于他们是否开心？不重要！"

丹东尼说这些话的本意，是想转移焦点，淡化冲突，也顺便提醒当事人，你们可都是职业球员，应该都够成熟，自己都应该知道要矛盾摆一边，比赛放中间。

可惜，他未免也太高估这两位主角化解问题的能力，球技高超，并不代表他们的沟通能力和自省能力也一样强，这是两码子的事。

总教练不需要做的事，是亲自教职业球员的个人球技，但是应当要做的事，除了设计战术、教球员打球观念和开导打球心态之外，还得负责凝聚全队的战斗力，激发球员的求胜斗志。

哈佛小子 林书豪赢家心法

我们先看看他们试图化解这问题的办法和成效，再来论断方法是否够好。

丹东尼在更衣室风波曝光后，隔日就召开一个闭门会议，准备让大家摊牌，把各自心中的疙瘩全部摊在桌上，一起讨论解决。

会议一开始，丹东尼在开场白先说个冷笑话，试图让气氛轻松点，希望球员卸下他们的自我防卫心。以丹东尼内敛的个性，还能挤出冷笑话，算是难为他了。

身为老大的布莱恩特首先表白的问霍华德："我知道，我对球赛的高度要求，有时候要和我共事好像有点困难，这……会造成你的困扰吗？"

"不会，这感觉像是……，我们都要学着如何并肩作战。"

措辞犹抱琵琶半遮面，显然，霍华德在布莱恩特这位大哥级的得分王面前还不敢畅所欲言。

布莱恩特续说："我知道你喜欢笑，喜欢开玩笑，喜欢开开心心的。但是听着，重要的不是怎样让你开心，而是你要设法驱策其他人，让球队拿出高水平的表现。"

为了让霍华德听得进去，语气措辞还算婉转。

布莱恩特要传达的讯息是："喜欢开开心心的，没什么不好，但是面对球赛就得严肃看待，全心投入，进而把那种奋战精神感染队友。"

整个闭门会议，对于彼此的不满，都点到为止，因为这会议不是要来吵架的，而是要来解决问题的。至少彼此都试着释出善意，也有一个共识，那就是纵然彼此都不满意对方，但是，想要再拿一枚冠军戒指，却彼此都需要对方！

会议后，霍华德对记者说："这场会议真的很有帮助，有人说这是摊牌的会议，也OK啦！我们该说的都说了，而且都知道不是针对个人。"

"我很高兴和Kobe达成了共识，我们想要赢球，都想为湖人再添一枚冠军戒指，为了达成这个目标，我们必须团结合作。"

布莱恩特接受《ESPN》访问时则说："你必须制造冲突与对立，许多时候大家只是装成相安无事，担心让别人生气，结果反而让事情变得更糟，所以必须要彼此挑战。"

"这样的想法，是我从前和湖人中锋奥尼尔的相处中学到的道理，当时我们之间的冲突，事实上教了我宝贵的一课，每一次我们透过冲突，然后取得共识后，都能为球队增加竞争力，并创造活力。"

布莱恩特化身圣诞老公公

闭门会议后的第一战，对上犹他爵士队，老被批评太滥投的老大布莱恩特，此役他虽全场掌握控球权，但打法完全变个样，化身为圣诞老公公，到处助攻送礼，一拿球就背对篮筐运球，慢慢压进禁区，以他高超的个人单打技巧当诱饵，吸引双人包夹，再趁隙传球助攻，让队友得分。

此役，他仅仅出手10次，但命中率大幅提升，7球入网，送出高达14次的助攻，还抢下9个篮板，差点就"大三元"自摸。Howard拿下17分13个篮板，还送出2记"麻辣锅"。西班牙"斗牛士"加索尔（Pau Gasol），8投7中，和纳什一样得了15分，湖人5人得10分以上。

通通有奖的结果，湖人以102比84痛宰爵士，终于结束四连败。

接下来，湖人食髓知味，继续祭出这招助攻模式，成效显著，拿下久违的三连胜。这三场比赛布莱恩特破天荒共送出39次助攻。其中一场是对上季西区冠军队雷霆，比赛前一晚，他自己闭门研究雷霆队的影片到凌晨，并在推特上写道，"黑曼巴，你半夜不睡觉在干嘛？看澳网决赛吗？哥们！我还在研究雷霆呢。"

他以身作则，并传递一个强烈的讯息给队友——我黑曼巴为了求胜，是如此的敬业，说我投太多？行！马上改！但是，大伙也得跟我一样，勇于修正，并如此积极地投入比赛！

这就是布莱恩特要求霍华德所谓"设法驱策其他人，让球队拿出高水平表现"的方法，他以身作则先示范一次，希望霍华德能见贤思齐。

驱策其他人的方法不一，它没有制式的最佳办法，也就是它是没有标准答案的，只要是有效的，就是好方法，会抓老鼠的，它就是好猫。

布莱恩特的方法是否有可议之处，下一章再讨论，我们先来参考一下林书豪的方法。

"林来疯"时期，大家对林书豪这无名小子，为何能以一人之力，几乎改变了全世界的原因很好奇，他的尼克斯队友诺瓦克是这样回答媒体："怎么去形容林来疯之前与林来疯之后的不同呢？

林书豪有种感染力，来自于他的无私，这种力量是非常有传播力的。"

　　湖人史上最佳控卫"魔术师"约翰逊也对豪小子赞不绝口说："他有能力让别人更好！"

　　那么，林书豪用的方法是什么呢？

　　我们不妨看看他在尼克斯的第二场先发，对上巫师队时的其中一招，应可看出一点窍门。

僵尸移位——左切式

　　"僵尸移位"此招有二式，这招林书豪几乎是照三餐在使用，尤其对手对他祭出"远距防守"时。

　　起手式是运球腾空往对手面门飞起，缩短防守距离以利切入，着地时，则分二式，以左脚先着地的话是"点左切右式"，以右脚先着地的话，则是"点右切左式"。到底要亮出哪一式？易经云："动静屈伸，唯变所适。"完全视防守者重心架势和敌队防守布阵而定，运用之妙，存乎一心。

　　招式使用心法，首重轻盈灵便，如此才能掌握忽左忽右，忽慢忽快，收放自如之要诀。又因腾空飞起之势，凌虚飘行，身形飘逸，状若僵尸，故得名"僵尸移位"。

　　加上2月5日对篮网的后补，这已是林书豪连续三场的第三疯，他在尼克斯两大主将安东尼、斯塔德迈尔缺阵下，带领尼克斯一路压着巫师打，继续挑逗尼克斯球迷和队友的热情。

　　1. 第三节末，林书豪运球一过中场，立刻卯上了巫师2010年的

哈佛小子 林书豪赢家心法

选秀状元沃尔，此人球风强悍，脚法如风，招式奇快，势道雄浑，个性外刚内圆，甚具领导之才，华盛顿巫师队可是把他视成"飙风玫瑰"罗斯（Derrick Rose）之流在栽培。

林书豪一见沃尔，好强之性油然而起，当下尼克斯摆出"空城计"阵法，豪小子的"终极保镖"钱德勒还未趋前帮他做单挡掩护，他就已迫不及待，摆出"僵尸移位"的起手式，准备和沃尔放单对干，极欲赢在敌队最利的刀口上。

2.3.4. 左脚往沃尔跨前一大步的同时，在球从地面弹到手掌的同时，双脚腾空再往沃尔正前方跳起逼进。

本招使用关键：右脚着地同时，肩随劲走，瞬间加速向右微晃，做一个假右切的虚招。

5. 右脚随即劲贯足尖，身影寒光闪动，往左呼啸而去，沿着已经上前掩护的钱德勒身边切。

6. 当林书豪突破前方防线，直取中宫时，尼克斯的空城阵法，发挥功效，巫师驻防外围的人，发觉不妙想撤军回防，都已远水救不了近火。

林书豪拔剑四顾无敌踪，决定要玩就玩最大的，让大伙瞧瞧偶～林—书—豪，个子虽小，嘛也可表演"飞人乔丹式"的灌篮秀！！

钱德勒看出林书豪的企图，但他不认为这毛头小子有这能耐飞身灌篮，深恐他过度头脑充血，不自量力，赶紧在后出声劝阻说："Jeremy, don't……"

话未说毕，只见他眼射冷电，精光夺目，短小的身影竟蓦地飞起，高高在上，口伸长舌，心中冒出儿时在自家后院遥望飞人乔丹的灌篮画面，右掌抓球运劲疾落，破网而下。

钱德勒霎时闭嘴，由忧转喜，心中兴奋之情犹如黄雀出谷，吱吱不已，不禁，和这不起眼的毛头小子迎面来个"超级玛利式"肩碰肩，恣情狂欢，此镜头就此成为"林来疯"神奇历程中的经典画面，永留人心。

林书豪的"感染力"是"感动"

一样是要让队友打得更好，可以看得出林书豪和布莱恩特所用的方法，哪里不一样吗？

诺瓦克认为林书豪的"感染力"，是一种"感动"，让队友由衷的也想跟他打得一样好。他的方法除了无私、谦逊、不揽功之外，他有一项独特的个人魅力是布莱恩特不可能有的，那就是他在NBA本来是属于"平民"甚至是"贫民"的身份，这种身份更贴近一般在街头打球的篮球爱好者。

他的崛起激励了大众，没有什么是不可能的（Nothing is impossible）。他这么一个灌篮，在一般大众的潜意识里，是帮他们圆了那不可能的梦想。

这就是为什么"拳王"钱德勒如此一个大牌铁汉，在林书豪这个气势实际上不怎么样的灌篮后，会高兴的像小孩子般，和他来个肩碰肩动作，并且，会让球迷如此如痴如狂。

然而，布莱恩特试图驱策（push）队友打得更好的方法，是以他自己高水平的表现和高度的投入，希望队友比照办理。以对待自己的标准，同等要求他人，这是人之常情，但是，这种感染力不是感动，而是压力。

点右切左
僵尸移位——左切式
招式心法 凌虚飘行，状若僵尸，跳前逼进，点右切左

1 同年的，2010年选秀大会，我~是第一名啦，你呢？

2 可是，现在你红遍全世界，我却……
小弟……名落孙山。

3 Joni~ Joni~，please don't…

4 ？？？

5 cry~~！
喂！边打球边唱歌沒犯规吗？裁判！
No！

第22招 没有标准答案的问题，怎么解？

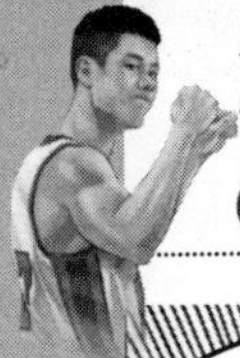

点右切左

僵尸移位—左切式

招式心法 凌虚飘行，状若僵尸，跳前逼进，点右切左

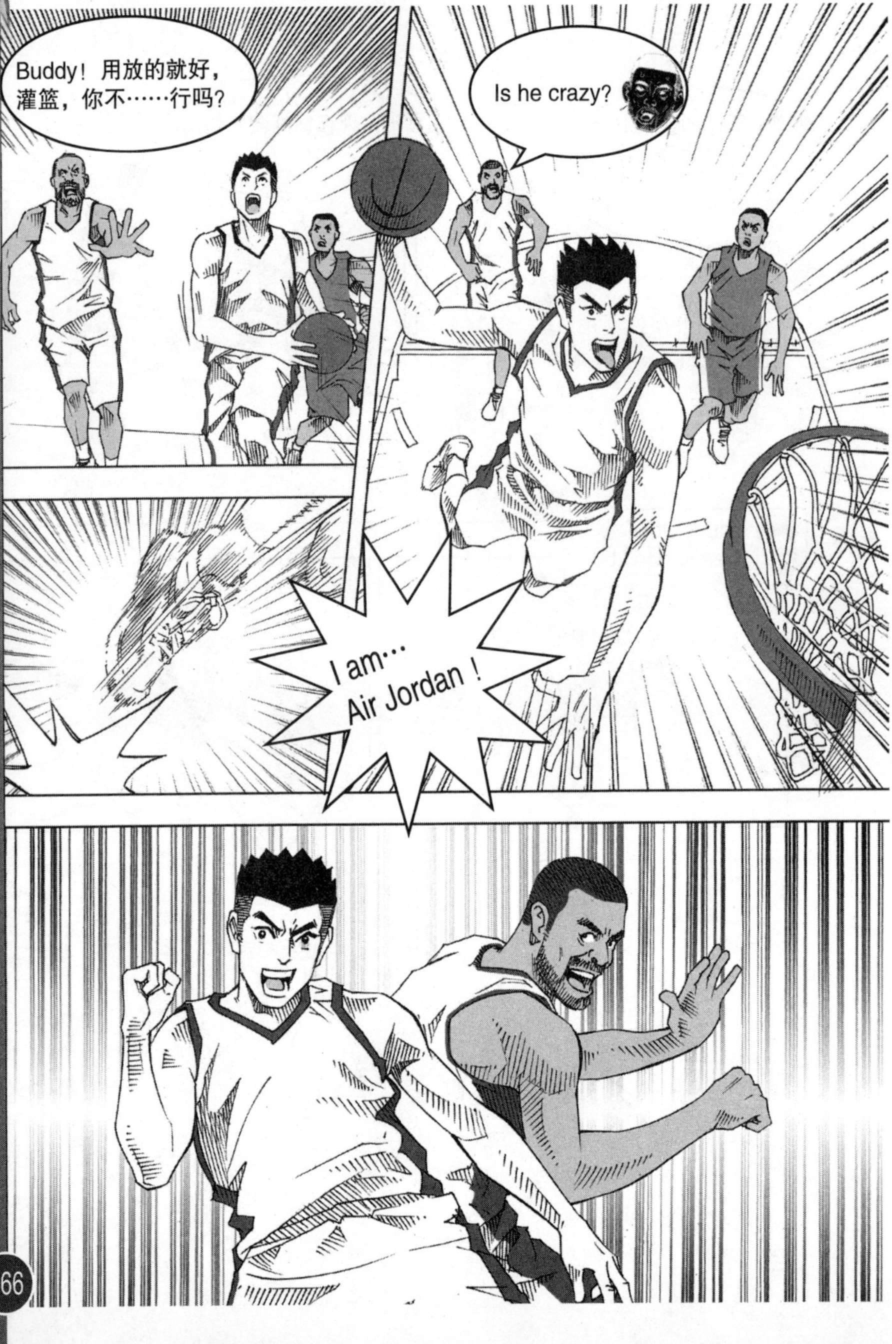

23招 自信、自傲差很大

"自信"和"自傲"最大的不同点，在于自信是益菌，可帮助自己，自傲却是坏菌，会离间队友之间内心深处的那凝聚力。"满招损，谦受益，时乃天道。"

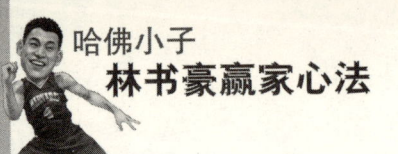

第23招 自信、自傲差很大

湖人在经过"摊牌会议"后，立刻喜迎三连胜。表面上，问题好像化解了。真的如此吗？胜利能掩盖一切问题，却无法让问题消失。先从这个"Kobe助攻模式"说起，事实上，它本质一样是布莱恩特在唱独角戏，差别只在于是由队友得分。它有两大隐忧：

1. 完全依赖布莱恩特当攻击发动机，是很耗体力的，以他三十四高龄，持续如此，恐过度折磨身体。

后记：果不其然，当年湖人和马刺的第一轮季后赛，他在篮下一个大翻身动作，只听"拍"地一声，膝盖阿基利斯腱断裂，就此打包。年纪不会说谎，当你不断过度耗损身体，身体迟早会给你一个致命反扑。

2. 造成他的持球时间超长。这有什么坏处呢？

针对这点，尤因时代的尼克斯前锋欧克利（Charles Oakley）有一句评语可拿来参考，他在2012—2013球季结束后，对于尼克斯队无法更上一层楼，说："我认为尼克斯的问题在于安东尼（Carmelo Anthony）和斯塔德迈尔（Amare Stoudemire）两人身上，他们两个最佳球员无法让身边的队友变得更好。你看看热火、雷霆和公牛，他们队上最好的球员都能让其他人打得更好。我认为我们最佳的两名球员持球时间真的太长了！"

布莱恩特这种身兼控球后卫的打法，纳什首当其冲，浪费了他一身顶尖控卫的本领，大伙也都变成等着布莱恩特喂球的二流战将。

而且，在那闭门会议，事实上他们真的都把心结说清楚讲明白了，并取得共识吗？恐怕未必。他们唯一的共识是忘掉过去的不愉快，向前看，共同努力拿个冠军奖杯。

斩草不除根，春风吹又生。布莱恩特在三连胜后，老毛病又犯了。看看他那阵子对媒体说的话。

自比救世主尼欧

他志得意满地自比为电影《黑客任务》中的救世主尼欧（Neo），认为自己就如《黑客任务》中的救世主尼欧，"我可以做到的，我就像是尼欧，也乐于在每场比赛都这样做，因为我有办法找到对付防守的策略，然后让其他人在对的位置接到球。"

"当你看到队友因为好表现而开始恢复信心时，这也会让我沉浸其中。如果我想要当好一个控球后卫，我就会很着迷，并把它做到最好，这就是我的个性。你们这些媒体都不认为我做得到，这真的很好笑。"

媒体记者煽风点火地问他："你既然如此无所不能，那为什么你从18岁就出道NBA，却到现在才拿一座年度MVP呢？人家热火的Lebron James才几年，就已经拿下三座MVP。"

只见布莱恩特脸不红气不喘地回道："这道理很简单，因为我和奥尼尔同队，我们互相影响并竞争MVP的机会，跟他一起打球总得牺牲很多，我会这么做就是为了帮助球队获胜，所以，如果我没跟奥尼尔同队打球,那我拿MVP的次数肯定多到不可思议。"

球队刚有转机,不仅有功全揽,还把自己无限上纲到自封"救世主",而且,竟然忘记了他之所以能手戴5枚冠军戒指,没有奥尼尔这位继欧拉朱旺之后,无敌篮下十年的世纪霸王和他里应外和,他能只手成就此番大业吗?竟然用"牺牲"来形容和奥尼尔打球!真是有够"牛"!

"队友"和"朋友"差很大

"自信"和"自傲"最大的不同点,在于自信是益菌,可帮助自己,自傲却是坏菌,会离间队友之间内心深处的那凝聚力。

当一个球队不断被注入这种坏菌,免疫系统就会降低,本来一件可小事化无的事情,却可能小事蔓延成大事。

不幸的,事情马上来了,中锋加索尔(Pau Gasol)足底筋膜撕裂,需要休养至少6周!偏偏这阵子,霍华德认为他的肩伤有恶化现象,想休息几场。两个中锋要是同时挂免战牌,那代价就大了,加索尔的脚伤肯定没办法打了,布莱恩特认为霍华德的肩伤应该还可以撑。

本来这种事,关起门来彼此沟通一下就得了,但是,和凯尔特人之战前一天,布莱恩特接受媒体访问时公开要求霍华德要带伤上阵,说:"我们没有时间等霍华德的肩膀复原,我们现在有迫切的需要。"

霍华德听到此话,非常不爽,响应媒体:"他又不是医生,我也不是医生,这就只是他的看法。"

布莱恩特针对霍华德的话，再对媒体解释："我们有迫切的需要，但是，这不是要让他的肩膀状况更糟，我是说如果他身体是健康到还可以打，不会让情况更糟时就应该上场。"

霍华德再回媒体道："我当然想上场打球，但是，这是我的职业生涯，我的未来，甚至我的人生，我不能忽视这些，如果我倒下了，没有人会照顾我接下来的日子，这可是我的球员生涯耶！"

看看，队友之间就纯粹是"队友"，而没有"朋友"关系的区别就凸显出来了，两个人身处同一艘船，距离却好像身处不同星球般，沟通方式竟然是靠外界记者转述并互相放炮，搞得球队气氛又是一阵乌烟瘴气。

结果，霍华德在对凯尔特人队很不爽的勉强上阵，但是，整场比赛霍华德上场28分钟就6犯离场，拿下9分、9个篮板，发生4次失误，湖人大输21分。

球不会说谎，当你带着怨气打球，球也不会给你好脸色看。

后记：2012—2013年球季，湖人在第一轮季后赛被马刺4比0横扫后，在一个湖人的记者会中，布莱恩特拐着伤脚，说了一段耐人寻味的话："我要是霍华德的话，我丝毫不会考虑续留在湖人，纵使就生意的角度，这里是他该创造价值的最佳处。我会邀他到我家鬼混一下，打打动漫，看看卡通啦，应都可宾主尽欢。"

唉！他要是在霍华德刚进湖人时，就立刻以这种"搏感情"的方式和霍华德建立友谊，何至于两人整季闹到满城风雨。

对于布莱恩特的表态，霍华德在会中只淡淡地说："我需要一段时间沉淀思绪。"显然他仍然余悸犹存。回想整个球季，他说:"我学到了该为自己的行为付出更多责任。"

聪明人会从自身经验不断学习,只是必须为犯错付出代价。

那孩子是谁

布莱恩特的"嘴炮",林书豪在"林来疯"时期,也曾经中弹过。

2012年2月11日,湖人大军进犯纽约,这是林书豪的第三场先发,前三战,他连续三场得分都超过23分和7次助攻,本季只有他和热火队那位MVP常客"大帝"詹姆斯干过这样的数据,但是以轰动的程度比,显然,媒体版面都被豪小子占光了,"Lin－sanity林来疯"这个新单字,正式成形,他简直是被捧上云端了。

布莱恩特很不以为然。赛前,媒体问他:"碰到尼克斯,你们有什么特别对策阻止林书豪继续疯下去?"

布莱恩特心想:"你们故意找偶~武林第一高手问这话,找我'斗嘴鼓'?行!"

他装蒜地回道:"那孩子是谁?他到底干了什么大事?他拿到大三元了吗?"

"还是什么东东?他的平均数据是多少?28分?8次助攻?"

"哎啊,反正他如果真的有点本事,让我亲自称称他的斤两,你们就知道了嘛。"

哈哈!语气鼻孔朝天,带着挑衅,并有数落媒体大惊小怪的味道。

不过,事实上在赛前,的确仍有不少媒体对林书豪的凭空而降，有不少的怀疑声音。认为前三场的对手恰巧都是禁区防守能力较弱的B+，才能让他在禁区和队友的切传如此嚣张，但是，碰到湖人中锋加索尔和拜能的禁区把关，恐怕就没戏了。

而且，这场球赛又是林书豪的首场全美直播，万众瞩目，大家都睁着大眼睛想瞧瞧，这小子到底能疯到何时？似乎，他现在才面临真正的挑战。

掉以轻心招来怵目惊心

赛前，林书豪和他一夜同眠的菲尔德（Landry Fields）两人先表演一段书呆子打气法，借此疏解一下紧张情绪。

一开赛，湖人先下马威拿下2分，换尼克斯进攻，林书豪运球从右路沿着底线到篮下绕了一趟，深入敌营先探一下虚实。没机会，把球传给左路外围的杰弗里斯（Jared Jeffries），他则跑到左路三分线外，杰弗里斯接球后却立刻又回传给他。

他持球时发现："咦？不向我压迫？那我就不客气投啰！"

只见球在空中划下一道美丽弧线，刷一声，三分入网！

"哗哗哗！"全场竟然欢声雷动！有没有搞错？球赛才刚开始耶？这欢呼声的兴奋程度，好像是林书豪打了一支全垒打般。

没错！今夜麦迪逊球场满场的球迷，都是冲着"林来疯"而来，他们就是打算加入这"林来疯飨宴"，放肆地疯一夜的。加上布莱恩特赛前"Who is the kid？"的挑衅，简直是火上浇油，所以，当豪小子以三分礼炮开场，这再完美不过了，他们当然群起高呼，宣布飨宴开始！

哈佛小子 林书豪赢家心法

纽约的球迷，真是可爱到爆！

接着，这飨宴毫不冷场，林书豪再一个右切，钱德勒跟进接球后篮下逞威。林书豪运球快攻，过半场后，把球当剑，一剑插入湖人禁区心脏，钱德勒接球炮轰篮筐。林书豪在罚球圈上缘，在钱德勒的单挡掩护，轻易制造一个空当，跳投得分。

林书豪在中场抢断成功，快攻得分。

从比赛一开始，林书豪即以迅雷不及掩耳的速度，噼哩啪啦，机关枪连环扫射，比赛转眼间变成13比4，林书豪包办7分，其他的都是由他的助攻而拿到。麦迪逊球场的满场球迷，瞬间就陷入疯狂状态！湖人教头一看大事不妙，赶紧叫暂停。

湖人大军只是从江湖耳闻，尼克斯有一个无名小子这几天打得很疯，赛前，瞄了一下林书豪比赛实况录像带，想看看到底是何方神圣。哈哈！竟然是拿季初在湖人主场对战尼克斯的影片看。

看得大家昏昏欲睡，直嚷着："我们还要浪费时间在这里吗？这小子有啥好看的？！"

大伙想："他只不过是吃错药罢了，药效一退，就被打回原形了。"做梦也没想到，这小子竟然变本加厉，疯到这种程度。

球不会说谎，当你对它掉以轻心，球会让你怵目惊心。

整场比赛，只见紫金军团就被这毛头小子横冲直撞，一路被压着打，林书豪切入、外线、高吊，飨宴大餐一道接一道，道道让队友和现场球迷血脉喷张。

湖人大军被打得惊慌失措，却仍然不信邪，不愿对他们心中认定的毛头小子，祭出对付大牌球星才会用的"包夹战术"，只用

"放投不放切"策略对付他。偏偏豪小子经历了前三场的爆冲,他已经完全相信自己的能力绝非侥幸。自信灌顶,经脉全通,连他原本稍弱的外线,这场球赛也有如神助,命中注定湖人该遭此大劫。

这场林书豪最经典的Jeremy Night,他狠狠地在布莱恩特这头狮王嘴边拔了38根胡须(38分),外加7次助攻4个篮板2次抢断。率领尼克斯以92比85结束对湖人悲惨的9连败,也是林书豪率队写下的4连胜。"林来疯"的旋风,透过全美实况转播,正式袭卷全世界。

本战,林书豪有两招经典之作,不可不学,一招是"林氏大车轮",另一是"胯下挪移"。

林氏大车轮

本役第2节,尼克斯以45比38领先时,林书豪在篮下豪放的抓下篮板后,踩足油门,发动快攻,当他运球到罚球圈上缘,碰到湖人控卫费舍尔的迎击。

1.2. 他趁湖人回防大军阵势未稳之际,蓄劲跳起,往费舍尔面门迎头进逼,蓦地发劲加速,左脚向左踏,肩随劲晃。

这个"往左佯切"的虚招,目的只是为了让费舍尔的重心混乱,为下一步真正杀着做铺路。

3. 左脚着地后,右脚立刻变向往右跨,左脚跟着往左跨进,变招狠辣,夹着一股劲风往费舍尔左侧斜飞,让他误认林书豪已经亮出实招,慌忙移行挡架。实则,这个"变向往右切"的动作,还是诱敌虚招。

4.5. 真正的杀着现在才亮出来。左脚跟进着地后,就以左脚当

哈佛小子
林书豪赢家心法

轴心脚，劲贯足尖，突然收招急停，再变向以顺时针方向一个地牛翻身，在空中扬起一阵旋风，从费舍尔身侧呼啸而过，右脚迅速跨过费舍尔的防线。右脚着地即三步上篮的第一步。

6.7. 这种翻身招式，通常使用者在右脚翻身着地后，左脚是顺势往篮筐左边切，当三步上篮的第二步，再往篮筐左边端篮取分。

但是，林书豪发现左侧已冒出一位补位防守者，正等着狙击他，情急之下，左脚这上篮的第二步硬是转向，往篮筐右侧切，再以右手往篮筐右侧插板得分，避开火锅截击。

林书豪亮出此招"林氏大车轮"，出招从跳起、左蹬、右煞、翻身，动作一气呵成，势挟劲风有如飞砂走石，其翻身速度之快，据事后录像测速，转速已跟当今第一控卫公牛队的"飙风玫瑰"罗斯不相上下。当场让湖人众将神眩心惊，目瞪口呆。他则兴奋得仰首纵声狂啸，啸声犹如万马奔腾，气盖万千。

然而，他的训练员知道林书豪他平常是不练此招式的，他赛后纳闷地问林书豪："你怎么会这招式？"

豪小子抓抓头皮，笑答："我嘛莫知影，就福至心灵，随兴而出，哪知威力如此吓人。"

点左侔右再翻身
林氏大车轮
招式心法 点左侔右，灵蛇出动，呼啸翻身，状若旋风

第23招 自信、自傲差很大

1. 宝岛~曼波~ / 这小子吃错药了？
2. 曼波~宝岛~
3. What are you talking 芋仔番薯？ / 我~故乡的恰恰啊！ / 恰恰？不像！
4.
5. One'two 恰恰恰！这怎么不像！

177

点左佯右再翻身
林氏大车轮
招式心法 点左佯右，灵蛇出动，呼啸翻身，状若旋风

第23招 自信、自傲差很大

哇啊！吓死我了！

像你XX的头啦！
一棒把你轰出去！

6

178

胯下挪移

尼克斯和湖人之战，到了第4节尾声，林书豪仍然对湖人予取予求，尼克斯队友干脆空出整个舞台，全部沉到底线，高位挡拆战术也省了，让他一对一在三分线外和防守者"钉孤枝"。

这个属于他的"Jeremy Night"，就让他一次爽个够吧！

1. 原本喧哗到不行的现场，突然一片沉静，屏息以待，只见林书豪眼射冷电，气势慑人，直盯着对手。左脚跨前一步，顺势胯下运球到左手。

2. 要换手运球到右手时，眼神突然往左前方看。哈哈！加这道小菜，就有创意了！

3. 这些动作，他骗到了对手重心稍为一丝丝的转移。然而，林书豪就只要这瞬间露出的破绽。

换到右手运球之际，左脚往右脚旁靠了一步，着地后立刻以左脚之力，右脚往右冲出。左脚迅速往右跟进，突破对手的防线。

4. 运球杀入禁区，一看前方已有补防者已就定位等着伺候他。以晃右切左的蛇形步，闪过补防者。

5. 从篮筐左侧倒勾擦板取分。

跨下挪移

招式心法 势挟精光，慑人魂魄，寒光闪动，呼啸而过

（走位图）

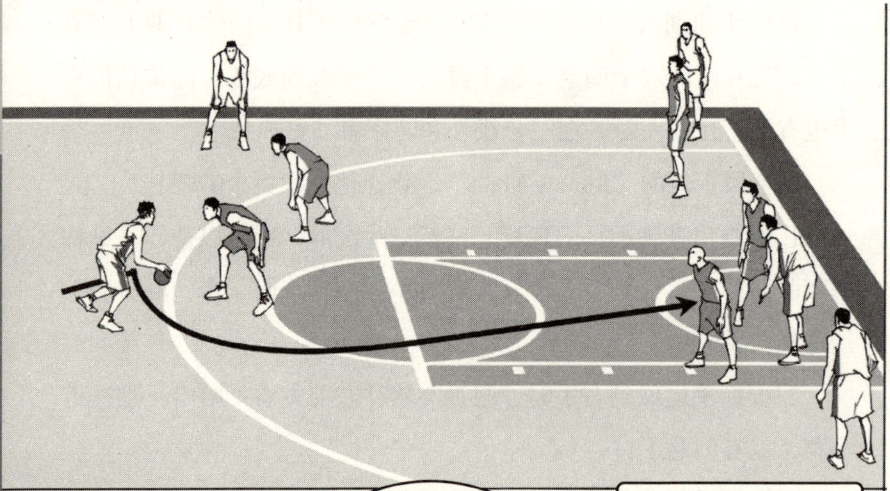

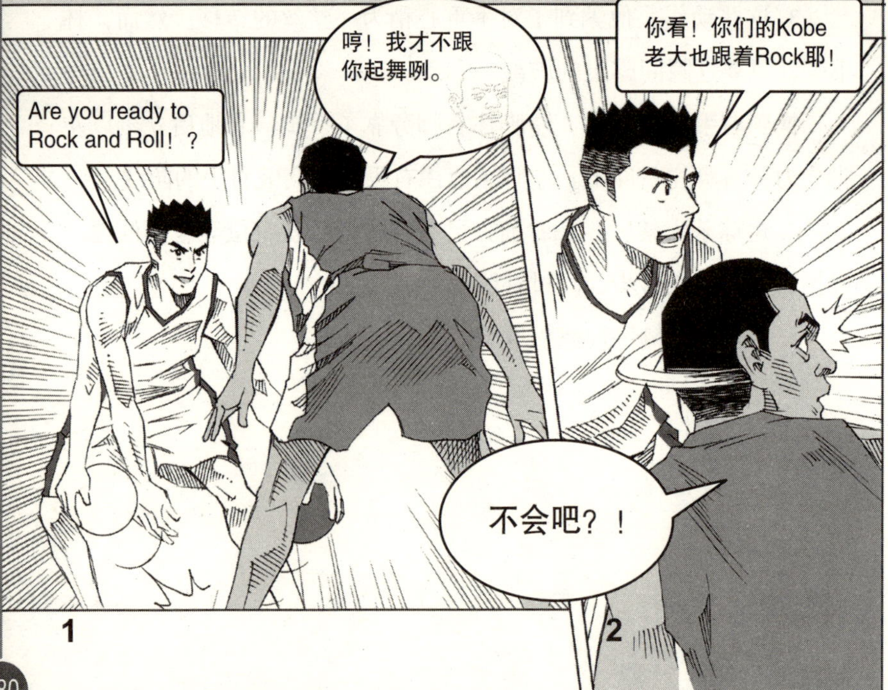

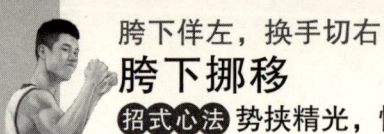

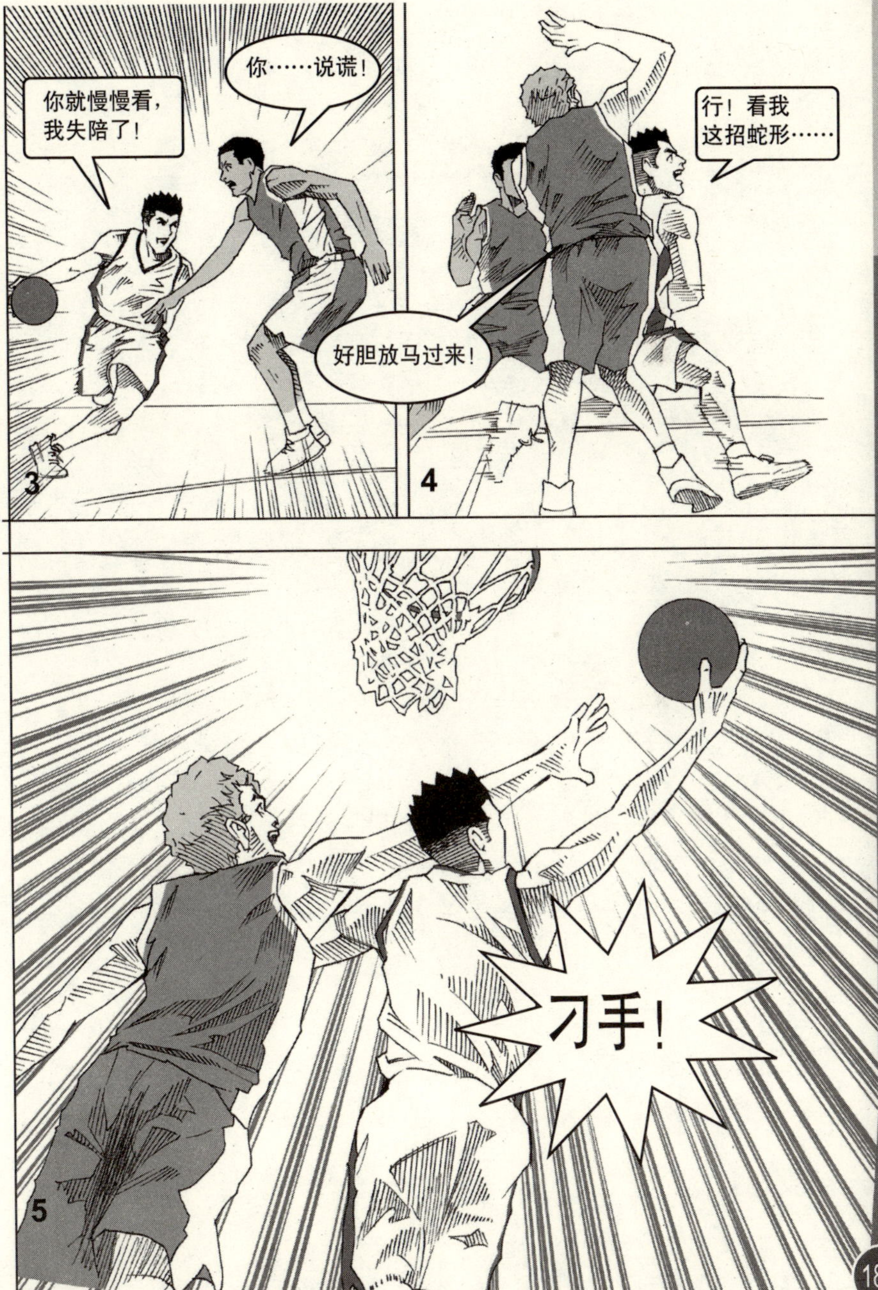
你就慢慢看，
我失陪了！
你……说谎！
好胆放马过来！
行！看我
这招蛇形……
刁手！

24 招 十年磨一剑

"十年磨一剑,霜刃未曾试。"
球场如此,人生也是如此。

第24招 十年磨一剑

疯狂轰炸湖人后,"林来疯"的旋风横扫全世界,大街小巷,阿公阿嬷每个人都在讨论"那个姓林的小子"。

球评"魔术师"约翰逊赞叹道:"他货真价实,有如纳什和斯托克顿的综合版。"

纳什乃是曾获两次最有价值球员,斯托克顿则是NBA助攻王,能从这位湖人的传奇控卫口中得此认证,林书豪此生夫复何求。

但是,"魔术师"约翰逊还漏讲了一项林书豪最大的价值。

《今日美国》报在隔日用Lin—sational来形容林书豪大败湖人的表现,意即过程让人血脉喷张(sensational)。太贴切了!他整场散发出来的热情,让队友血脉喷张,让对手惊慌失措,让全世界为之疯狂。这种魅力,纳什和斯托克顿是不曾做到的。

球不会说谎,当你待它热情洋溢,球就给你甜蜜回忆。

邻家男孩模样

赛后,媒体找布莱恩特消遣,问:"这下子,你应该知道这孩子是谁了吧?"

布莱恩特笑说:"好吧,那就让他好好享受今夜的滋味!下季咱们走着瞧吧!"显然他心里认为今晚只不过是"夜路走多碰到鬼"罢了。

媒体似乎仍不放过跟布莱恩特逗嘴鼓的机会，再追问："对这个年轻后辈，你有啥建议吗？"

布莱恩特愣了一下，三字经脱口而出："我才××的不想给他啥咪碗糕建议，他刚刚才在我们头上砍了快40分耶！"

记者满脸奸笑，满意地收手。

湖人另一个前锋悍将慈世平，他满肚子鸟气，竟然连他的宝贝儿子都变成林书豪的球迷，这让渴望当儿子偶像的老爸情何以堪，无处挑剔，只好往豪小子的外型数落：

"他真的没有明星的型耶，看看他头上留的是啥发型？看在上帝的份上，换一下吧！"

"啊伊嘛帮帮忙，纽约可是个时尚城市耶，你可已是个在纽约打球的球星耶！戴个墨镜啊，脱下哈佛的书呆子眼镜，换个名牌太阳眼镜配上拉风一点的皮裤吧！"

这些服装的确是NBA球星的标准配备，相较豪小子那头巷内老阿嬷剪的发型，配上一件皱巴巴的大T恤，加上腼腆又有点"豪呆"的模样，真的很突兀。

然而，就是他那副纯真又稚气未脱的邻家小孩模样，却只手把湖人打得东倒西歪，这种在漫画书才可能出现的景象，让全世界的球迷爱死他了！

不过，布莱恩特他很有风度地再说："忽然爆发的球员，绝对不是无缘无故冒出来的，他那些招式不是天生的，肯定是苦练出来的，只是没人注意到而已，他准备很久，而且逮到机会。"

布莱恩特这话的重点是，球员在比赛中亮出来的招式，不管是实用的、拉风的，那都是经年累月的磨炼而来，它不会凭空掉下来，也不能顿悟而来，你除了苦练之外，还是苦练，没有快捷方式。而我布莱恩特，今日敢如此睥睨天下，也是如此而来。

"十年磨一剑，霜刃未曾试。"球场如此，人生也是如此。

那林书豪如何"十年磨一剑"呢？

方法对效率才会高。在此透露他每天必定练它千遍不厌倦的步法"九阳迷踪步"。

九阳迷踪步

切入招式千百种，脚步虚实为正宗。想让自己的招式进入见血封喉的层级，首先就得先在变向、急停、翻身等脚法上下苦功夫。

这步法总共九式，招式演练中，架势讲究阴中有阳，阳中有阴，对招时，随时可以化虚为实，骤然出剑，步步可追魂，是谓"九阳迷踪步"。

林书豪犀利的切入招式，几乎都是从这基本内功"九阳迷踪步"演变而来。球场上对手的防守阵势瞬息万变，因此，精髓是在对应之道如何变？何时变？变什么？运用之妙，存乎一心，就如易经所云："动静屈伸，唯变所适。"这个"变"包括时变、位变、应变。

所以，想拥有他一身切入武功，很简单，跟他一样把这套步法练它千遍不厌倦，练到如影随身，一动念，剑气随之而起。运用时，随着防守阵势的"变"，掌握本招使用口诀——"虚中有实，实中有虚，化中有打，打中有化，边走边化，边化边打。"当你能神而明之时，那就代表你可以出师下山，笑傲江湖了。

九阳迷踪步

招式心法 化中有打，打中有化，边走边化，边化边打

第一式

第一式：胯下往左换手运球。
第二式：球从地上弹到左手时，肩膀跟着往左晃。
◆是胯下切左的实招，也可是虚招。

第二式

第三式

第三式：左手运球同时，右脚往前跨一步。
第四式：球从地上弹到左手时，双脚同时往前跳起。

第四式

第24招 十年磨一剑

187

九阳迷踪步

招式心法 化中有打，打中有化，边走边化，边化边打

第六式：再突然换手运球到右手。
◆是僵尸移位的点左切右实招，也可是虚招。

第六式

第五式

第五式：左脚大步往左着地，同时左肩加速往左倾。

第七式

第七式：球运到右手时，加大摆幅，却突然停球并左脚往左前方跨。

第八式

第九式

第八式：胯下换手运球，可左手收招，变成胯下拉回急停跳投。
第九式：球从地上弹到左手时，肩膀跟着往左晃（回到第二式，如此循环练习）

第 24 招 十年磨一剑

188

潜龙回身

　　林书豪熟练这套"九阳迷踪步"的基本功，并大量运用在实战中。特举以下两招以飨球迷。他在尼克斯时期的第四场先发，客场对上灰狼。

　　上半场，灰狼对林书豪的能耐，似乎仍心存怀疑，掉以轻心的结果，让他上半场噼哩啪啦继续疯下去，12投7中。非得亲眼见到，才相信鬼。

　　灰狼总教练惊觉："这小子真的是真货耶！"他可不想跟湖人大军一样，沦为林来疯的垫脚石，下半场终于拿出专门对付球星级球员才会用的包夹战术，并缩小防守圈。这个对策，有效！下半场，豪小子瞬间被打落凡间，12投才中1，并有4次失误，让尼克斯队一路落后。

　　眼看林来疯的连胜奇迹即将结束，但是，在最后关头，林书豪却硬是又浮出水面，先助攻让诺瓦克投进追平三分球，再以罚球拿下超前分，终场以100比98逆转胜灰狼。

　　赛后，林书豪说："这就是篮球迷人的地方，永不放弃，就永远有机会。""拳王"钱德勒赞叹道："这实在不可思议，他真的改变这支球队的习惯和心态。"此役，他曾亮出一招"飞人"乔丹有名的招牌招式"潜龙回身"，这招也是从他的"九阳迷踪步"基本功第七、八式中演化而来。

　　1. 持球作势要原地跳投，吸引对手近身防守。

　　2.3. 一看对手近身迎来，立刻收招并运球右切。

4.5. 右脚大步向右跨出后，急踩煞车，右手紧黏住球，劲随意走，突然拉回。

6. 身体完全融入在招式使用时的韵律。拉回后立刻就收球，起身跳投。飞人乔丹在1997—1998年和爵士争冠战中，曾以此招把当时爵士猛将拉塞尔（Bryon Russell）晃得整个身体趴在地上，眼睁睁地看着乔丹从容回身跳投，林书豪已学到其七成威力。

伴切拉回急停跳
潜龙回身
招式心法 寒光右闪，攻其必防，拉回跳投，兔起鹘落

（走位图）

第24招 十年磨一剑

Look at me! I am…

知道啦！要射了！

No, You don't listen to me.

1

2

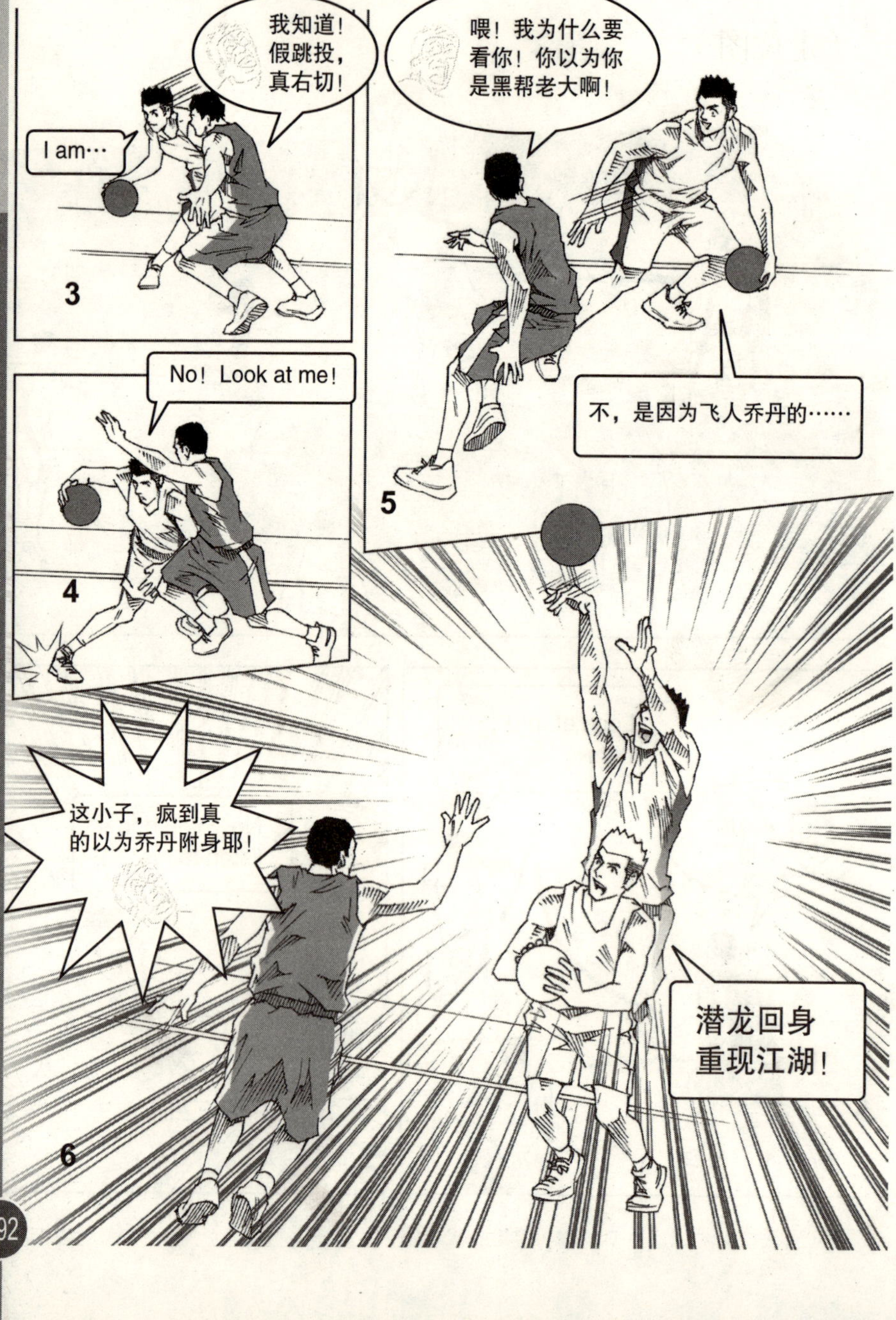

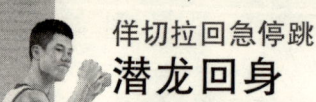

最后一击

"擒贼先擒王,包夹林书豪就对了!"

林书豪先发的第5场,率领士气沸腾的尼克斯大军到多伦多踢馆,猛龙总教头下达这"擒王指令"。

豪小子一开赛就遭受猛烈包夹攻击,加上猛龙年薪将近千万美元的控球后卫卡尔德隆(Jose Caideron),一心要杀杀林书豪的锐气,火力全开,第一节就攻下12分,导致尼克斯大军一路挨打。

和猛龙之战,到了末节快结束时,尼克斯还落后十分以上,球迷大部分心中都想着:"也该输一场了吧!强运终有落幕时。"

但是,"林来疯"的剧情就是如此峰回路转,扣人心弦。尼克斯死命追赶,到了终场前65秒,追到只落后3分时,林书豪接管比赛,先以一招"假投真切",一剑直探中宫,球进又加罚,嘿嘿!分数扯平。

过去的,被他一手抹掉,比赛重新来过。

到了最后16秒,尼克斯抢得进攻权,林书豪在中线附近持球时,尼克斯其他队友一同地全部沉到底线,把猛龙其他球员全部牵制住。整个舞台就剩林书豪和猛龙明星控卫卡尔德隆,二人对峙而立,一时皆不拔剑亮招,凝目互视,两道寒光在空中交会,擦出滋滋声响。

卡尔德隆没逼进他,而是选择远远站在三分线上,一副严阵以待、请君入瓮样,等着豪小子亮招。

这最后16秒,是男子汉的一对一对决,无可回避,一刀见生死。

哈佛小子
林书豪赢家心法

空气瞬间凝结，时间却随着两人的心跳声，扑通扑通一秒一秒的消失。

在这之前，卡尔德隆让豪小子吃足苦头，不仅让他全场失误八次，而且，身上被卡尔德隆狠狠砍了25刀（25分），但是，比赛看结果，小时候胖不算胖。

球不会说谎，只要还站在舞台上，球永远都会给你机会逆转。林书豪侧头望向总教头丹东尼，询问可否由他执行最后一击。

丹东尼点头示意！

于是，豪小子拔剑出鞘，脚踩着他最熟练的"九阳迷踪步"，向卡尔德隆缓缓逼进。这"九阳迷踪步"是林书豪每天必练的家庭作业，经年累月，他把这颗球像磨刀一样，不厌其烦重复这单调枯燥的动作，唯恐它有一丝丝生锈，为的就是等待这一刻。

两人眼神都射出逼人杀气，似乎要吞吃对方，他们都知道，在这一刀定生死的时刻，对战首重气势，非得摆出"稳吃对方"的态势不可，装也要装出来，气盛可凌人，气虚则必败。

事实上，林书豪还在努力搜寻，希望找到卡尔德隆的防守破绽，但心中却莫名充满自信，他此刻感觉篮筐比大海还要大。卡尔德隆则刻意露出左侧一个空门，引诱林书豪往他最弱的左边切入，再和队友在禁区内包夹狙击。

"这是陷阱！"豪小子心里有数。

但是，除了这条路，还有什么招式可以把对手一刀毙命吗？

林书豪继续踏着"九阳迷踪步"，但都蓄势不发，希望在牵引卡尔德隆的重心移动中，找到一个致命破绽。

时间，一秒一秒地流逝，转眼间，已过了"最后一击"的最佳出招发动点——最后7秒。

为什么是最后7秒钟？

因为，进攻者从运球出招，做一或两个假动作再跳投或切入，约需3秒钟，球从出手到达篮筐得再加一秒。为了怕万一第一波进攻失败，后面还留有最后3秒，可供抢篮板再进行第二波的攻击。如果第一波进攻就得分的话，最后只剩的3秒，对手也很难再次进攻得逞了。

"Jeremy怎么还不出招？"不禁，全部的队友都着急起来了。当下，现场数万球迷起立鼓躁声，震耳欲聋，纵使想出声提醒，也不可能听得到，他们只能选择相信。但见，林书豪一副胸有成竹、势在必得的气势，仍是缓缓地施展九阳迷踪步，运球逼进卡尔德隆。这让卡尔德隆开始疑惑起来，他本来预想的是林书豪在这最后关头，一出招必定是浑身解数，一阵猛攻。而他认为林书豪的单打招式，花样并不多，但是就厉害在一个"快"字。要破解他的招式，只要限制他快剑的路径，再引君入瓮，和队友合力夹击，送给这小子一份瓮中捉鳖的Happy Ending，就可料理掉。

机关算尽，不料林书豪来势既缓，招式又毫无劲道，不！这根本是没有招式，只是一味运球逼进，反而让卡尔德隆觉得这招"绵掌"夹着一股纯阳之气，汹涌而来，令他呼吸室碍。

时间只剩3秒！"这小葫芦里在卖啥药？"瞬间，卡尔德隆被林书豪搞得有点心虚，蓦地里背脊一阵凉意，不禁回头确认一下后面的敌我阵势。

第 *24* 招 十年磨一剑

195

哈佛小子 林书豪赢家心法

他仍然认定林书豪只有往左切这条路，所以他不想让林书豪靠得太近，下意识，他双脚往后垫了一小步。机会终于出现了！

林书豪耐心的等待，就是等待卡尔德隆露出破绽，在这只剩2.7秒的千钧一发间，卡尔德隆脚往后垫那一小步，重心也得跟着往后移一下，动作虽然很小，时间也只是刹那间，但是，高手对决，却就是致命的破绽。

林书豪陡然收招，拔身就射！卡尔德隆见状，措手不及，虽然赶紧回身封阻，但见球已飞在半空中了。林书豪出手时，仅剩2.2秒，球在空中画出一道炫丽的弧线，三分中的！时间只剩0.5秒！

豪小子这记关门一击，以卡尔德隆完全料想不到的方位出剑，一刀毙命。只见猛龙全部球员横尸遍野，双目圆睁，满脸惊骇之色，不相信这个事实。

赛后，总教头丹东尼赞叹道："你就只能屏息看着，并对他敬畏。"

"重剑无锋，大巧不工。"林书豪这绝命一击，已进入了武学最高境界——无招胜有招。

然而，林来疯这个神奇之旅，一路走来，让人们见证各种不可思议的峰回路转，不禁让人暗忖，如果，它真的是上帝之作，那他的编剧功力，实在可以拿下好莱坞的最佳编剧奖了。

急停跳投

最后一击

招式心法 重剑无锋，大巧不工，存招之意，无招之形

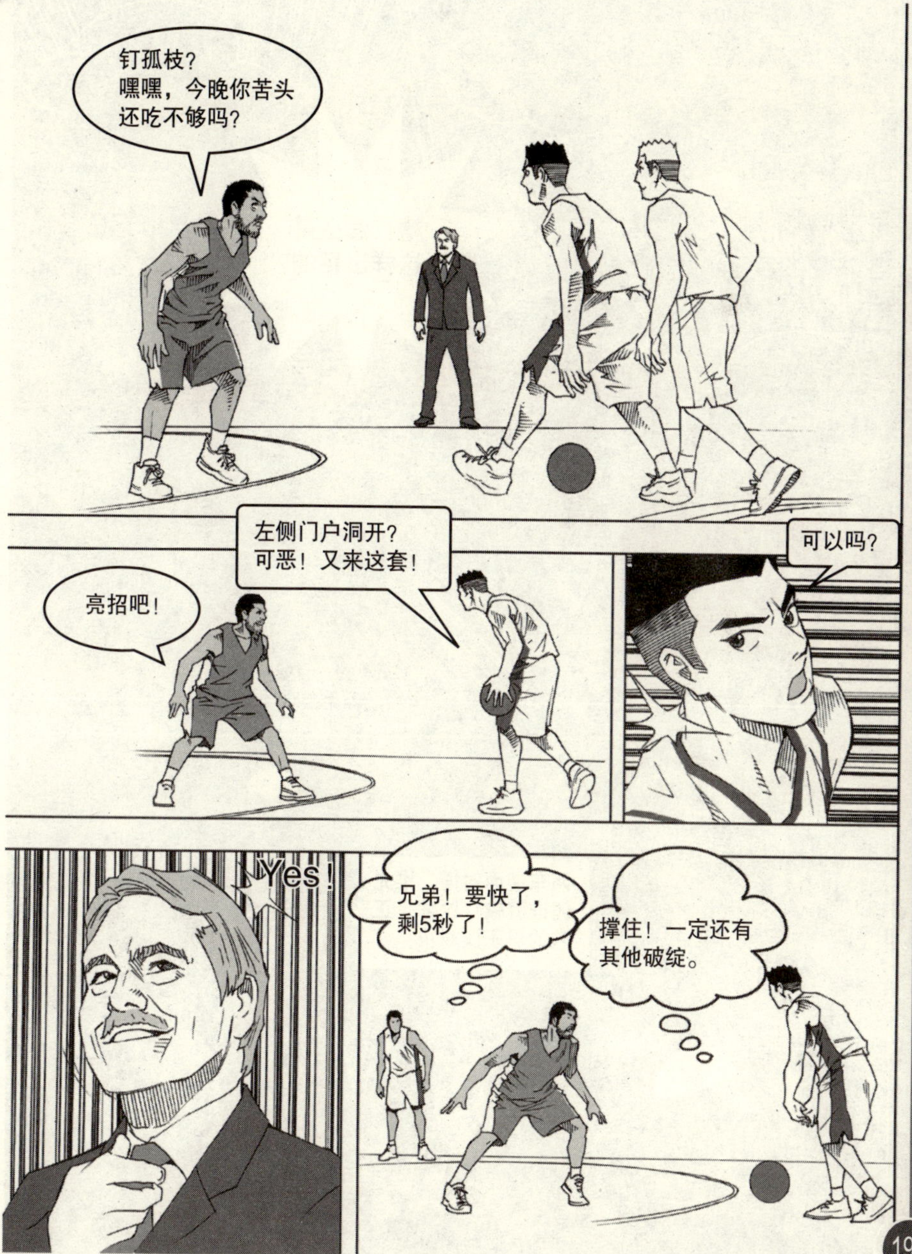

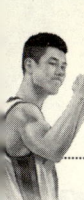

急停跳投

最后一击

招式心法 重剑无锋，大巧不工，存招之意，无招之形

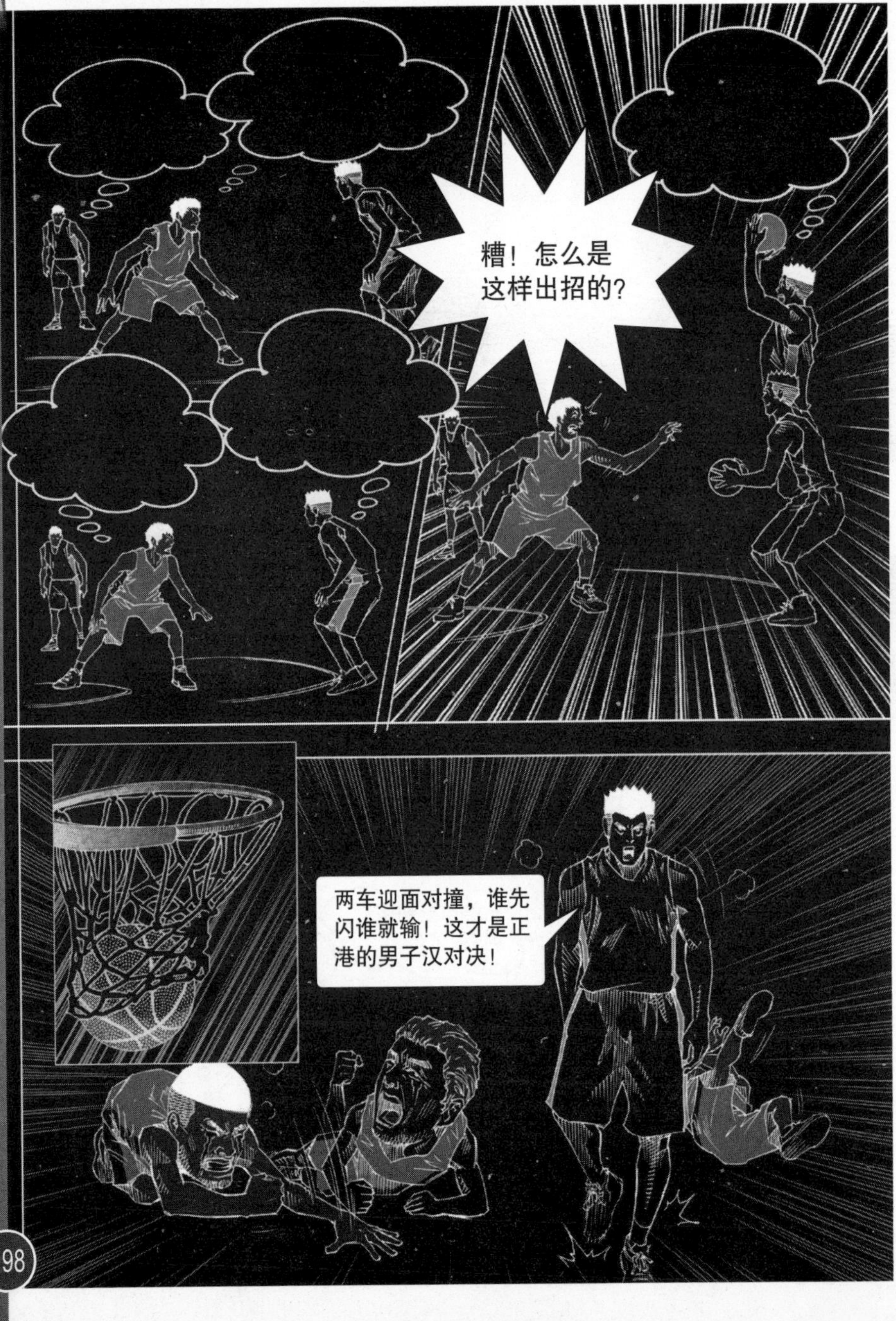

25 招 想当永远的赢家吗？

想号召别人和自己同心协力改变世界，首要任务是赢得人心。

第25招 想当永远的赢家？

想当永远的赢家吗？

林书豪的母校哈佛大学，曾经针对学生做一个深入研究，主题——到底有哪些因素，跟学生未来的成就有关联。结果发现一个有趣的现象，学生的在校成绩，竟然跟未来成就毫无关系！

这意味着，从名校以优异成绩毕业的学生，就如手握一把削铁如泥的屠龙刀，但是，并不代表你赢定了，也不代表你就可以"号令天下，莫敢不从"。有多大成就，还得看你有什么高招去逢凶化吉。成就比较高的人，概括来讲，都具备以下几项人格特质：高度自信、坚强毅力和对某个项目充满热情。再细致的分项分析，参与这研究计划的哈佛商学院赖林（Henry B.Reiling）教授认为在所有条件中，有下列五个项目最影响个人成就。

第一项条件：化解挫折的能力。

第二项条件：好运。

第三项条件：良好的领导特质。

第四项条件：公平观念。

第五项条件：判断能力。

这五项条件，除了第二项好运之外，全部都是人格特质，所以，我们常说："一个人的性格决定其一生的成败，性格的教育，远比学历更重要。"具备成功的人格特质。然后，对照本书从第一章到第二十三章所列，有关林书豪所刮起的"林来疯"奇迹，我们可以发现，林书豪几乎完全符合能有一番大成就的人格特质。

我个人认为，"热情"是一切成功的根源，当你对某个项目充满热情，因而燃起熊熊烈火，才会有坚强的毅力——化解各种接踵而来的挫折。

他在NBA的第一年，因为缺乏上场表现时间，加上他给自己加诸太多压力，导致挫折不断，可是因为他对篮球的满腔热情，才能坚持到底，永不放弃。于是，当尼克斯缺一个适任的控球后卫时，刚好林书豪的擅切球风和哈佛脑袋，最适合总教头丹东尼的"七彩挡拆战术"；刚好尼克斯两大主将缺阵，让他充分主控球权；又刚好纽约麦迪逊球场是全NBA的媒体焦点。林书豪身逢其时其地，他，好运来临。接着，林书豪原本就拥有的个人特质，即哈佛赖林教授所列出五项最重要的成功条件中，第三到第五项条件：良好的领导特质、公平观念、判断能力，开始发挥巨大效应，他也从中找到自信。

林书豪的领导特质

有句话说："想要号召别人和自己同心协力改变世界，首要任务是赢得人心。"

咱们这时代已经没有"号令天下，莫敢不从"这回事，一种米养百种人，每个人出身环境不同，造就不同个性和想法，想要赢得

哈佛小子 林书豪赢家心法

人心，领导统御的招式虽多，但想挥洒如意，却存乎一心。而林书豪良好的领导特质，源自于他的无私分享和始终如一的谦逊态度。因为林书豪的无私和谦逊，才能感染队友群起效法，并赢得队友的信服。他的无私，本书前面已提到很多，而他的谦逊，则非得大书特书不可。

林书豪刮起的超级旋风，短短两周，就创造了许多历史，NBA31年来首场先发25分助攻7次纪录；前五场比赛创下139高分，打破NBA纪录；连续上了美国最畅销的"运动画刊"杂志封面两次，媲美飞人乔丹才曾经有过的殊荣。

全世界的球迷为他发动疯狂的"造字运动"，从一开始的"林来疯"到"林不灭""林失眠""林流感""林不可思议""林肠道闭锁"等等，无奇不有，甚至有网络推出新服务，只要输入"LIN"，再加上你想要的字，就会自动帮你造出新的林式字典。

疯到他的学长美国总统奥巴马，因为公务缠身不能看他的比赛，还公开向媒体抱怨。

疯到美国《时代》杂志公布的全球百大年度最有影响力人物，林书豪竟高居首位。美国教育部长邓肯（Arne Duncan）因之赞扬林书豪是孩子学习的典范，他说："我为这个国家的孩子们高兴，也为全世界的孩子们高兴，因为林书豪为他们树立了一个很好的典范。"

飞人乔丹把NBA篮球推向全世界，林书豪则更是超越篮球世界，变成2012年全世界最具影响力人物。此等丰功伟业，身为一位

第25招 想当永远的赢家吗？

篮球员不仅空前，恐怕也是绝后了。

成功的后遗症

大部分的人，获得像他如此伟大的成功后，很难避免就会患上"失去自我"或"膨胀自己"的毛病。然而，看看别人是如何说他？

他的勇士前教练、现任国王队教练斯马特说："这个孩子还是一样，不管是爆红前还是现在，都一样谦虚。"他在2012年2月16日传出生涯新高的13次助攻，带领尼克斯以100比85轻取国王，拿下七连胜后，他的队友钱德勒称赞道："他是世界上最谦虚的人。"豪小子甚至跟媒体主动说："我还是喜欢做我自己，如果你们发现我开始有些骄傲了，一定要告诉我。"这位年仅23岁的年轻小伙子，面对如此多的佳评诱惑，竟能老僧入定，谦逊如一，实在得对他鞠躬致敬。

林书豪的公平观念

赖林教授所谓的"公平观念"，即公平对待别人，且定义很广。他认为要做一个成功的领导人，就需要最优秀的人才为你效命，因此对于和自己意见相左或有利益冲突的同事，得有雅量公平对待，否则，这些最优秀人才他们会弃你而去。最关键一点，伟大领导人的任何行为动机，都来自不算计私利的关怀他人。

林书豪的人格特质中，有关"公平观念"这部分，有以下两个

哈佛小子
林书豪赢家心法

例子。

林书豪还在勇士队时的菜鸟年，他被下放到发展联盟大角羊队（Big Horns）时的教练穆索曼（Eric Musselman）说："林书豪是个愿意为球队牺牲奉献的人，他是队上主将，但是他却多次主动把因为NBA合约才享有的头等舱位，让给其他队友，而和大伙挤经济舱。"这细节动作，会让队友接收到一个讯息——这NBA下来的短暂过客，一点都不摆谱，真的想和大伙平起平坐，同舟共济呢。

"林来疯"正热时，尼克斯队在七连胜后输给黄蜂队，终止了连胜奇迹后，ESPN的编辑费德里柯（Anthony Federico）一时脑充血，卖弄惊悚，在标题写道"Chink in the armor"（盔甲上的裂缝），这是美国俚语，引申为致命的弱点，以此消遣林书豪该场的九次失误。但是Chink这字除了直译"裂缝"，也另有"中国佬"这牵涉到敏感种族歧视字意，立刻引发舆论不满，结果，ESPN不但正式发表道歉声明，也开除了写标题的费德里柯。

受害者林书豪如何面对此事呢？他对媒体淡然说："ESPN已经道歉了，事情到此为止。"并且很大气地反而帮费德里柯说话："我不觉得他是故意的，我们要学着宽恕他人。"

本来这事到此林书豪已经处理得很漂亮了，费德里柯也得到他自己认为该有的公平惩罚。但是，在这事件早已落幕后约一个多月，林书豪却悄悄地约这位闯祸的编辑共进午餐，两人同桌共餐时，林书豪避谈那件事，只闲聊他们共同基督信仰和他的脚伤问题。这位老兄在餐后，很兴奋地在自己的维特（Twitter）写道：

"昨天和林书豪吃午餐，真是太棒了，很高兴知道他如此支持我，这对我意义重大。他真是一个非常好又谦虚的人，其实他根本不必这样做。"在当时，林书豪是媒体当红炸子鸡，各方邀约蜂拥而来，行程满载，推掉很多主流媒体的访问，甚至包括著名脱口秀赖特曼（David Letterman）的邀约。要知道，能受邀上赖特曼的来宾，可都是最具影响力的人物，包括美国总统奥巴马。

而他却宁愿低调的抽空和这位落难老兄共进午餐，以表安慰。因为他认为，一个人因一时考虑不周的错误，不应该永远都被贴上标签，他希望他这个动作，或许能让这位老兄今后面对这竞争的社会，仍享有被公平对待的机会。这是个非常了不起的动作，完全符合赖林教授所说"伟大领导人的任何行为动机，都来自不算计私利的关怀他人"。他不仅可以赢得队友人心，甚至赢得敌人的人心呢。

林书豪的判断能力

人生随时都会碰到抉择时刻，小至日常生活的人际互动问题，大至面临重大困境或压力，甚至不当诱惑。赖林教授认为，这时该采取什么行动？如何管理自我？就是第五项条件——判断能力。当一个人已身拥赖林教授所称第一、四项成功条件，他会采取什么行动呢？

以林书豪为例，当他碰到别人以盔甲上的裂缝来讽刺他时，这

哈佛小子
林书豪赢家心法

种从他成长阶段就常常碰到的种族歧视字眼，一直让他极度反感，他可以选择加入谴责行列，也可以干脆保持沉默，反正已经有这么多人替他说话了，乐得当个观众即可，可是他却淡然地面对它，帮费德里柯说话，甚至婉拒可以让他锦上添花的著名脱口秀，却宁可拨空和他午餐。我们对某一个人的既定看法，通常都是藉由此人在某些事上，到底采取什么行动，慢慢累积而来。光由林书豪这动作，纵使你之前完全不认识他，也可以断定他拥有极高的EQ、自信和热情，因为他面对这样棘手又令人刺耳的情况，还能凭直觉去做他认为对的事，代表他EQ甚高，而且相当自信，因他已不再受东方人不会打篮球的刻板印象所影响，甚至热情到想拉对手一把。再深入想想，光是他这动作，也看得出他拥有赖林教授所提的前四项成功条件。风光七连胜后，只因被黄锋队的雷达锁定到罩门，造成他九次失误和球队输球，就遭受这种内心深处最不想听到的嘲讽，想必身心受挫。可是，他却有如清风拂山冈，并且能针对困境立刻找出解决之道，在下一场对前一季冠军小牛队，拿下28分，命中率55%，助攻14次，5次抢断。可以看出他"挫折回复力"之强韧。

追求财富想必也不是他主要的努力动机，因为他谢绝了不少主流媒体的邀约，之后他也谢绝掉不少可名利双收的代言邀约，更可佐证。

低调地约费德里柯共进午餐，则充分体现了他公平竞争的高贵情操，这跟现今NBA球员标榜自我、浑身刺青、功利挂帅、私生活混乱的现况相比，更凸显出他超乎常人的人格风范。

跳脱篮球再想想

然后，我们试着想象一下，哪一天林书豪从NBA退休后，想从事篮球以外的工作，当老板面对这位面试者时，将会是何情境？

坐在老板眼前的是一位充满自信，对人对事都热情，能激励同事一起勤奋完成使命，不会像一座美丽花瓶，一砸就碎，化解挫折能力一流，解决问题能力明快，总能在压力情况下做出正确的决定，公正无私又谦逊，又绝不见利忘义。

老板心里一定想着："天啊！我鸿运当头，能得此干将！"

林来疯期间，CNN的财经新闻主播曾开玩笑说："我要推荐林书豪出任下一届世界银行总裁，他是最理想的人选，因为他出身亚洲，动作明快又有哈佛经济学位，信仰又坚定，都符合世银总裁的条件。"

这虽然是玩笑话，但是也反映出当一个人拥有这些赢家特质时，他在哪一队打球都能逢凶化吉。不打篮球后，这种人才老板抢着要，同仁会很乐于和他共事，他的部属会很庆幸有此主管，因为他有能力让大家变得更好。假设他是你的投资账户管理人，你会完全信任他，因为他绝不会欺骗你，会把你的钱当作他自己的去操作。

哈佛小子 林书豪赢家心法

从林书豪所发生的例子，让我们更体认到为什么这些成功条件是如此重要。那你呢？是否也有这些赢家特质呢？顺便帮自己做个性格健检吧！

26招 哈登龙爪手

你的能力比你认为的强很多,当你觉得你好像做得到时,别怀疑!你一定做得到!

第26招 哈登龙爪手

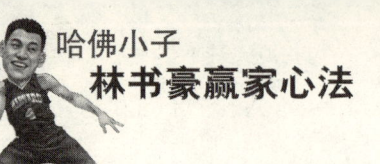

2011—2012球季结束后，几乎每个人都相信纽约尼克斯球团一定会全力留住林书豪。

因为，他挑起了尼克斯球迷沉睡多年的看球激情，满足了坐在主场地麦迪逊广场，这个犹如罗马帝国圆形竞技场，这些自居帝国第一大都子民的骄傲。他不仅能带领球队开疆辟地打胜仗，也是一颗超级摇钱树，这些犹如罗马帝国暴民的尼克斯球迷爱死他了。

然而，计划永远赶不上变化，就如恺撒（Caesars）终究敌不过罗马长老院的政治盘算。尼克斯球团不仅态度消极，又在各队自由议价林书豪期间，陆续签来老牌控卫基德（Jason Kidd）和前尼克斯主力控卫费尔顿（Raymond Felton），一切迹象显示，林书豪在尼克斯军团的地位岌岌可危，可有可无。

于是，当休斯敦火箭队以3年2510万美元合约加码后，尼克斯球团选择不跟进，林书豪就这样黯然挥别那些和他一起共创辉煌历史，已经建立了深厚革命情感的战友。

接着，不少翻脸像翻书的纽约媒体，以"背叛"和"见利忘义"批评他，甚至有尼克斯的老战友说林书豪得到的这价码，令

**哈登
龙爪手**

人眼红，会破坏团队和谐。连和这事件毫无相干的篮网威廉姆斯（D-Williams），这位自以为林书豪是因为踩到他肩膀才爆红的主力控卫，也来插一脚，说："以偶~专业控卫的角度，我会说费尔顿比哈登林书豪还要好。"

树大永远会招风，人红永远流弹多。事实上，在自由议价期间，尼克斯球团从头至尾摆出一副天威难测的姿态，从未找他当面协商过，也从未提出任何合约给他考虑过，林书豪可是刚刚为尼克斯创下队史从未有过激情的人耶！

火箭队3年2510万美元的合约，在NBA也只算是中上水平。林书豪要是一切向钱看的人，又何必推掉这么多代言邀约。至于，费尔顿能带给尼克斯队的贡献度和市场影响力，和林书豪差别有多大？事实自然会说话，口舌之勇没什么意义。

人算不如天算

火箭球团是看重林书豪卓越的领导能力，要他来重建这球队的凝聚力和文化的。

怎料人算不如天算，火箭队意外又签到一位独干功力超级一流的哈登（James Harden），加上2012—2013球季他少了一个像"拳王"钱德勒可在禁区横行无阻的中锋搭配，林书豪擅长的挡拆战术孤掌难鸣，逼得林书豪往往得裁掉球权，去打得分后卫的角色，偏偏他的原地外线跳投在当时并不出色。

哈佛小子
林书豪赢家心法

这两个因素让他犹如被放到岸边的猛鲨，无法伸展手脚，于是，他那把刮起"林来疯"的屠龙刀拔不出鞘，就使不出火力全开的刀锋。

面对此等困境，林书豪如何应对呢？

他了解同心协力最重要，于是他采取"礼让战术"，他认为哈登撕裂敌队防守阵式的能力比他强，于是他尽量把舞台礼让给哈登；或者想让其他队友更融入比赛，他把助攻摆在第一顺位。结果顾此失彼，让他在场上失去了侵略性，跟"林来疯"时期那种气吞山河，主宰球赛的气势，就显得逊色不少。

这种窘境非得等到哈登因伤缺席时，才看得到他当仁不让，挺身而出，打出他本来就具有的火力。可是一旦哈登回到场上，林书豪在队上的重要性又变成B咖角色，他和哈登明显战力重迭，而林书豪被浪费掉！

他谦虚过头了！忘记NBA可是一个完全现实的地方，有多少的表现，才能得到多少的尊重，尤其是碰到哈登这冷血怪咖。更糟糕的是在球场外，哈登的个性和他是两个不同世界的人，磁场截然不同，不像他在尼克斯的那群麻吉，可以水到渠成，想和哈登交心当朋友，可需要相当的智慧，想得到哈登的尊重？先拿出成绩吧。

失去先发地位

2013—2014球季"魔兽"霍华德入主火箭队，战力大升级，原

哈登龙爪手

本是一支有望一统江湖的雄狮，尤其对擅长打挡拆战术的林书豪，令人期待他和霍华德在高位的挡拆进攻，会产生多大的火花？

如果战术设计上，让每个球员回到他最擅长的位置，林书豪打控球后卫，哈登打得分后卫，则霍华德和林书豪在高位的挡拆，不仅可制造出彼此的空当，也可让哈登和帕森斯（Chandler Parsons）在外围接球后轻松取分，可谓人尽其材。

可惜，总教练麦克海尔（Kevin McHale）另有高见，他坚持把球权交给哈登，如此一来，林书豪和哈登战力重迭的问题怎么办？他老哥想出了一个妙招，尽量避开两人同时上场的时间，于是，林书豪失去了先发地位，但是每场球赛仍然有约30分钟的上场时间。这是一个好方法吗？看看结果便知。

火箭队虽然以中段班进入季后赛，但是到了季后赛开始玩真的时候，大家可不再客客气气的打，那可是血淋淋的肉搏战，锁喉、插眼、绊脚、吹气，什么招式都出现了，坚持把球权交给哈登的打法，窘态毕露。

第一轮对上拓荒者，哈登在高位控球时，对手用包夹把他的切入路径堵的死死，他在季赛时无人能挡的"龙爪手"，到了季后赛却到处碰壁，只能勉强以急停拉回招式在外线射出零星炮火，但是这种以一打五，放任哈登长时间持球，让其他四名队友僵在原地的打法，一看便知，注定没好下场。

那改由霍华德主打禁区低位呢？可惜他从欧拉朱旺学到的

"天蚕梦幻步"尚未学到家，效果不彰。再换由哈登或林书豪在高位和霍华德主打挡拆呢？可惜总教练的布局不像丹东尼（Mike D'Antoni），会先把禁区清空，也是打的碍手碍脚。

进攻不流畅，那防守呢？简直惨不忍睹，尤其是哈登，根本是毫不设防，又死不悔改。结果，一盘好棋玩到输，每个球员都抱着一肚子鸟气回家去。

被湖人队接收

2013—2014球季结束，林书豪被湖人队接收。

离开火箭队，对他而言是一种解脱，他在火箭两年，遍寻不到那种尽情打球、和队友开怀狂欢的镜头，因为磁场不对。

恰如人生，永远会不断碰到困境，别奢望环境会处处配合你，只有我们去配合环境的份儿，可是当那环境的确很难伸展手脚时，那也没啥好留恋的。

林书豪这时最重要的是保持自信，湖人教父卫斯特（Jerry West）曾经如此推崇他："林书豪靠的并不是出色的身体素质，而是靠智商、阅读比赛、决心和毅力去打败对手。虽然他没有像保罗（Chris Paul）那般梦幻的控球技巧，但他打得很聪明，也可以找到对付不同对手的方式，欣赏他的比赛绝对是种享受。"

卫斯特和"魔术"师约翰逊可不是随便给人认证的，"林来疯"的超级旋风已经证明"你的能力比你认为的强很多"，绝非侥

幸，当你觉得你好像做得到时，别怀疑！你一定做得到！

哈登偷吃步

"大胡子"哈登（James Harden）来到休斯敦火箭队时，发下豪语："我要改变这个城市！"

他的确有主宰球赛的能力，短拳长枪加上视野，样样是顶级高手。对自己的球技充满自信，但喜怒不形于色，当他主宰球赛时，几乎从未显露出任何激动表情，永远一副"吃定你，是理所当然"的模样，冷酷到几乎冷血。

他确信，既然林书豪能让全世界为之疯狂，他至少也能让休斯敦疯狂。果不其然，来到火箭队的前三战，新官上任三把火，场场得分破30，毫不客气用行动宣示："我是火箭队的一哥！"

哈登凭借什么神奇武功，让他在场上如入无人之地，无人可挡呢？

深入研究，他的招式就是靠着一套"龙爪手"不断穿插使用罢了。虽仅仅五招，但是招式使出时，迅捷刚猛，凌厉狠辣，一抓不中，次抓随至，让对手在瞬息之间，犹如面对一条黑龙，龙影闪烁，龙爪飞舞。

此套"龙爪手"共分一式五招，一式"黑龙微步"，是这套"龙爪手"的基本步，也是精髓所在。从中延伸出"龙爪五招"如下：

哈佛小子 林书豪赢家心法

第一招 "黑龙转桌 - 右切式"

第二招 "黑龙转桌 - 左切式"

第三招 "黑龙在天 - 佯左切右式"演化出让各路英雄目眩神迷的"龙爪手追魂五式"。

第四招 "黑龙在天 - 佯右拉回式"

第五招 "黑龙在天 - 佯左拉回式"

前三招是切入招式,后两式是佯切拉回急停跳投招式,哈登对付敌手时,穿插使用,忽吞忽吐,忽左忽右,忽慢忽快,又因劲道凌厉,呼呼发出,让敌手应接不暇,一瞬间就把你一刀毙命。

龙爪一式——黑龙微步

哈登这一套"龙爪手"为什么几乎打遍天下无敌手,无人可撄其锋芒?

最大关键在于他的切入招式,善用了篮球规则在收球时机中,允许的模糊地带。一般我们常用的运球三步上篮,收球同时的着地脚是第一步,跨出着地后起跳的那步是第二步,出手投篮后着地的是第三步。

可是,我们常常看到NBA球员在用背对篮筐的运球翻身招式,因为动作顺畅又迅速,收球同时的着地脚,允许不算是第一步,而是"好像"翻身过程中才收球,着地后的这脚才算第一步。

可是,从盘古开天以来,几乎没有人把这已被允许的"偷吃一

哈登
龙爪手

步",运用在正对篮筐的切入招式中,直到,江湖中冒出了一个满脸大胡子,无人能挡的冷面杀手,此人名唤哈登。

哈登就独创了这招"黑龙微步",它介于"走步违例"边缘地带的收球时间点,偷吃了三步上篮的第一步,使得他的三步上篮,好像多跑了一步,造成防守者很难抓他的出手点。他再从这技巧,演化出让各路英雄目眩神迷的"龙爪手追魂五式"。

黑龙微步
龙爪一式
招式心法 微步收招，大步吐信

4

本图是哈登能在NBA众目睽睽下偷吃一步的秘诀。

没有争议的方法：在右脚着地，即将收球的前0.1秒，左脚加速跃起。

然而哈登大都提前收球，但是，因为图1～3右脚往前跨的步幅放小，动作又迅速，已经有小碎步的味道，再加上他几乎是在图4收球的同时，做出左脚突然加速往前大跨步的显眼动作，犹如黑龙吐信，造成在视觉上，很像是跳在空中才做收球动作。

所以一般人右脚着地脚是上篮的第一步，却还不是哈登这"黑龙微步"的第一步。

哈登已经提前收球

加速跳起
大跨步

5

于是，图5这个别人上篮的第二步，变成哈登的第一步。

哈登的第一步

6

然后，哈登踏出图6他在NBA独享的神奇第二步，大摇大摆的上篮得分，裁判睁眼看着，不吹哨还掌声给他鼓励鼓励。

哈登的第二步

第26招 哈登龙爪手

所以，想学哈登这套"龙爪手"，非得先学会基本步"黑龙微步"。

学习要领：

跟运球翻身招式的收球动作一样，非得闭门练到顺畅又迅速，让身体的记忆跟收球的时间点身心契合，否则，保证遭来裁判无情的"走步"哨声。

1，2

跟一般运球一样，准备收球三步上篮，但是窍门在右脚往前跨的步幅放小。

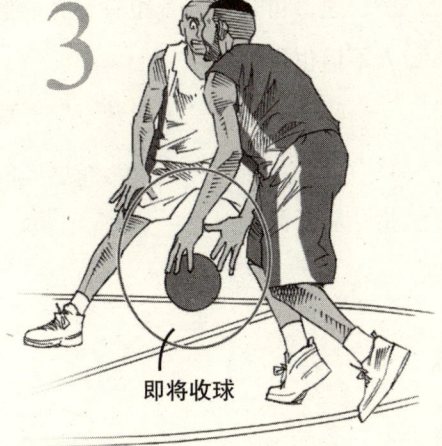

右脚跨前步幅放小

即将收球

3
即将收球。

第 *26* 招　哈登龙爪手

龙爪手第一招
黑龙转桌—右切式
招式心法 有进无退，瞬间连发

龙爪手第一招黑龙转桌—右切式

虽然，哈登利用规则的模糊地带，偷吃了一步，让他在切入时占尽便宜，但是，他之所以能主宰球赛的原因，还有以下几个关键：

1. 左撇子：这更迷惑了对手，更难抓他切入的方向和出手点。

2. 视野极佳：针对防守布阵现况，何时该切，何时该投，都能综观全局。

3. 松："有力不用力"即是松。他的移形换位永远用劲七分，保留三分，充分掌握张三丰"太极拳经"的要诀"要松、要松，不松反无劲"，这是他为何招式使来动如脱兔，却又收放自如的关键。

4. 招式如风：就如本招"黑龙转桌"，招式大开大阖，劲道凌厉快速，可是每一个蹬脚、晃肩假动作，无不交代得干净利落，让人不信也得信。

哈登一亮出"黑龙转桌"，犹如一条黑龙贴地扑来，龙爪忽左忽右连抓，搞得对手昏头转向之际，他一溜烟，已用他的"黑龙微步"从旁溜过。

第 *26* 招 哈登龙爪手

龙爪手第一招
黑龙转桌—右切式
招式心法 有进无退，瞬间连发

1

全速快攻，忽左忽右

1. 全速快攻推进，右手运球往左打，左脚同时略往左前方跨，球从地弹到左手的同时，右脚转向往右前方踏。

2

膝盖直中求曲，往左发劲。

2. 右脚着地时，膝盖直中求曲，腰随脚动，肩随腰晃。

3

3. 一记劲道凌厉的左切诱敌架势。

第26招 哈登龙爪手

4.

哈登在一瞥眼间，忽左忽右再忽左，连使三道龙爪虚招，对手一时手忙脚乱，不禁重心往右飞出之际，哈登却左脚急踩煞车，再变向往右。

双手收球的同时，右脚往前跨一小步，此即哈登"黑龙微步"的起手式，虽然严格讲应是上篮的第一步，可是却被哈登快速的无影腿做掉了。

急踩煞车，快速变向，实际上已同时收球。

哈登上篮独门的第一步

5.
哈登独家专利的第一步
　　然后，黑龙吐信，左脚大步往前跨，视觉上，让人感觉他是这一大步跨在空中时才收球的，所以，这一步是哈登独家专利的第一步。

嘿嘿！
这可是认证过的。

多走了一步吧？

哈登上篮独门的第二步

6.
哈登独家专利的第二步
右脚再跨出上篮第二步，直取中宫。

第 *26* 招　哈登龙爪手

龙爪手第二招
黑龙转桌—左切式
招式心法 活学活使，左右浑成

上一招"黑龙转桌－右切式"使招口诀是：忽左、忽右、忽左再切右，本招左切式则是忽左、忽右再切左。即第三个动作化虚为实。

1

忽左

1

一样右手运球，把球运到左前方，左脚同时往左前方跨－忽左。

2

忽右右脚踏实，弹起切左

2

球从地下弹起到左手掌的同时，右脚变向往右前方踏，右肩随着右晃－忽右。

注意：右脚着地要踏实，才能充分利用反弹蹬起之力，变向往左－切左。

哈登的招式之所以劲道凌厉，因为他深谙"劲道之源，其根在脚"的精髓。"力发于脚，主宰于腰，形乎手指。"

"哈登步"的起手式

3

3

这时，是哈登即将亮出他独步全球的哈登步－"黑龙微步"的起手式，往左切入时，左脚直中求曲，踏实取足劲力。

4

延迟收球，右脚着地后再收球

4

右脚大步跨进，占据切入有利位置。一般人的三步上篮是右脚着地同时收球，当上篮的第一步。哈登却是延迟0.1秒收球，在右脚着地后再收球。

5

哈登步的上篮第1步

5

于是，左脚再往前跨出的这步，变成哈登"合法"的上篮第一步。

6

哈登步的上篮第2步

6

所以，右脚再跨出的这步，即哈登"偷"到的上篮第二步，轻松上篮取分，让对手傻眼在一旁。

第26招 哈登龙爪手

225

龙爪手第三招
黑龙在天—伴左切右式
招式心法 蓄劲发出，由脚至腰

在半场进攻时，哈登最常用这招"黑龙在天"，共分三式，伴左切右式、伴右拉回式、伴左拉回式。同样的起手势，却有三种变化，忽左忽右，忽吞忽吐，变化莫测。

本招"伴左切右式"，往左移行，劲如放箭，让对手不得不移位挡架，可是却是"见左实切右"的招式。

第26招 哈登龙爪手

1 记住本招口诀

2 腾空跃起，天现黑龙。

1，2
左手朝左运球，左脚尖也朝左，眼睛也朝左前方看。以左脚之力，腾空跳起，如天现一条黑龙，右脚往左脚后方移，气凝丹田，筋骨放松。

3 右脚踏实

4 劲如放箭！

3，4
右脚着地踏实，蓄劲发出，左脚大步往左，如箭射出。
因为筋骨放松，劲道才凌厉，而发劲顺序是由脚而腿而腰，再行于手指，左脚前冲着地后，立踩煞车，左手置球左侧。

5

攻其必防，
变向往右。

5
因为招式劲道凌厉，攻其不得不防，当对手重心向右挡架之际，突然变向往右。

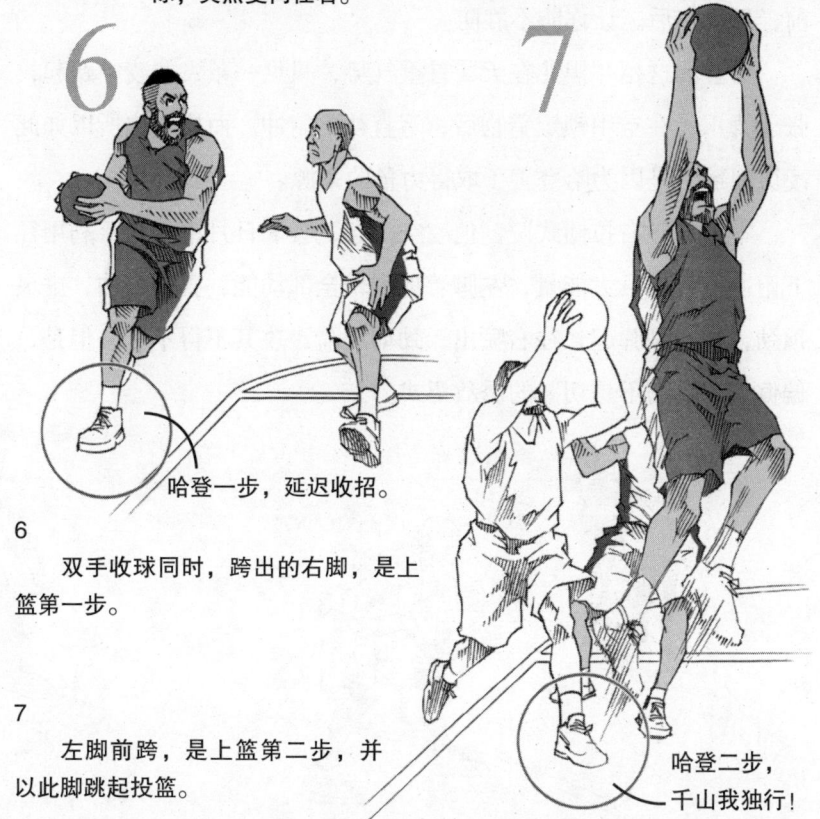

6

哈登一步，延迟收招。

6
双手收球同时，跨出的右脚，是上篮第一步。

7
左脚前跨，是上篮第二步，并以此脚跳起投篮。

7

哈登二步，
千山我独行！

第 *26* 招 — 哈登龙爪手

龙爪手第四招
黑龙在天—佯右拉回式
招式心法 凌空跃起，俯冲取劲

龙爪手第四招黑龙在天—佯右拉回式

江湖传言，千万别让哈登靠到你身旁！

当你一旦被他靠近身旁时，大水大概就已淹到鼻孔，离灭顶不远矣！因为他靠他那招独步江湖的"黑龙微步"，一贴进你，身如泥鳅，一滑就过，抓不了，挡不住。

就因为他的切入太犀利，对手不知不觉都对他采"远距防守"，可是，他还有本招"黑龙在天－假切拉回急停跳"，瞻之在前，忽焉在后，让你防不胜防。

哈登的这招"黑龙在天"首重气势，只见一条飞龙凌空跃起，张牙舞爪，在空中锁定猎物后，笔直往下俯冲。而招式之所以如此凌厉狠辣，是因为哈登善于取得力量的来源。

本招"佯右拉回式"，他凌空跃起，吸取日月精华后，利用往下俯冲产生的巨大能量，左脚着地凝聚全部动能，直中求曲，虚灵顶劲，再立刻弹起，往右喷出，劲如放箭，攻其不得不守，但是，偏偏是"见切不是切"的诱敌招式。

第26招 哈登龙爪手

龙爪手第四招
黑龙在天—佯右拉回式
招式心法 凌空跃起，俯冲取劲

第 26 招 哈登龙爪手

1

1 以右脚之力凌空跃起。

2

2 左脚着地凝聚全部动能，直中求曲，虚灵顶劲，立刻弹起，右脚大步往右喷出。

3

3 右脚着地，急踩煞车，右手置右前侧。

4

急停拉回，换手运球，以左脚当轴心脚。

对手因哈登来势凌厉，急忙退步挡架，却被他虚晃一招，滑倒在地。

5

球运到左手，身体重心移到左脚上，右脚准备拉回到左脚旁。

6

收球急停投，对手只能扒在地上，以垂死无助的眼神望着哈登，任他宰割。

哈登使这招"黑龙在天——伴右拉回式"，从起手式到拉回急停跳投，劲随意走，身随劲动，整个动作一气呵成，几乎已达心剑合一境界，这是他外线百步穿杨的原因。

龙爪手第五招

黑龙在天—伴左拉回式

招式心法 脚踩五行，劲聚六合

龙爪手第五招黑龙在天—伴左拉回式

综观哈登打球的风格，就是一个"松"字，心松、身松两者兼具。

"心松"则心无杂念，灵台清明，体现在球场的就是能随时掌握全场动态，立即决定最佳应对方式。

"身松"则放劲如放箭，因为筋松生强劲，筋柔生弹力，体现在球场的就是他的招式劲道凌厉，却又能收放自如，毫无拙力痕迹。

哈登是否曾经偷偷拜师太极拳，我不知道，但很惊讶地发现他掌握的"松"，跟咱们中华民族历经数千年结晶而成的"太极拳"有异曲同工之妙。

太极拳的招式心法－"劲由于筋，力由于骨，气由筋至柔，而生弹力。"发劲要诀－"其根在脚，发于腿，主宰于腰，行乎手。"因为发于腿之弹力，则发劲如放箭；主宰于腰，则腰如弓弦；手似柳竹，则蓄劲、发劲于弹指之瞬间。而这一切的根本就在于掌握"松"。

这个"松"字诀，其实不仅运用于篮球，其他球类运动如棒球、网球、高尔夫球等，想进入真正高手的境界，也都是必修课程，非得悟出其中窍门不可。

而本招"黑龙在天－伴左拉回式"，哈登更是食髓知味，运用了太极拳的五行五步心法——"进为火，退为水，左为金，右为木，中为土。"整招步法照着太极五行方位，金→水→木→火→

土,最后回到"金"位再出招,从出招到收招,刚好脚踩五行,绕了一圈,最终回到原点出手,让人拍案叫绝。

龙爪手第五招
黑龙在天—伴左拉回式
招式心法 脚踩五行，劲聚六合

1, 2
　　左手运球，凌空跃起。右脚从"金"位移到"水"位上空，即左脚跟后，眼观左前方。

3, 4
　　身体俯冲而下，以右脚着地于"水"位，直中求屈，发劲弹起。左脚顺劲往左前方踩在"木"位后，急停煞车，左手置球的左前侧。此乃"往左伴切"的虚招。

5

换手换边运球到右手的同时，右脚移行到"火"位。

木生火！

火

6

左脚再顺劲踩到"土"位，并立刻急停煞车，再来一个"往右佯切"的诱敌虚招。

火生土！

哈哈！这是实招了吧！

土

7

左脚发劲，往后跃起一大步，往"金"位飞。

土生金！

喔，No！

金

8

右脚在"金"位先着地，左脚跟进着地在旁，立刻压低重心，收球起跳。

如何？这招够呛吧！

怎么满天金星？偶…可以拜师学艺吗？

水位
木位
金位
土位 火位

哈登整招使来，脚踩五行，劲聚六合，身影轻灵，心神内敛，整个动作无一断续处，身似行云，随心所欲。对手被他的"太极五行拳"耍得团团转，当哈登突然拉回归元，收招急停跳投时，对手想跟进挡架，却是忘尘莫及，徒呼负负。

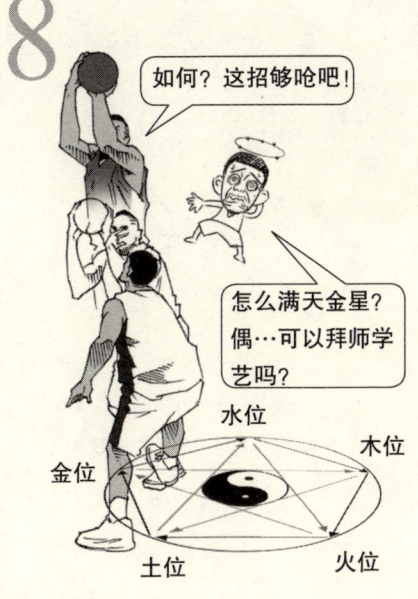

第 26 招 哈登龙爪手

27招 从152到191的增高撇步

林书豪的父母身高顶多5英尺6,他8年级(国二)时,身高不到5英尺(152厘米),长大后却能长到6英尺3(191厘米),他是如何创造这奇迹的呢?

190
170
150
130
110
90
70
50
30
10

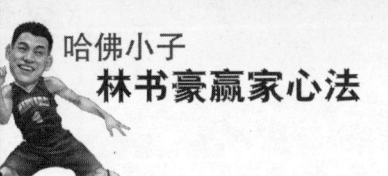

第27招 从152到191的增高撇步

高个子在篮球场上占尽便宜，中国大陆的姚明以223厘米的超级身高加上不错的球技，当年在NBA选秀会即以状元入榜，并成为第一位能在NBA掀起大风大浪的华裔球员。

矮个子想在NBA讨口饭吃，不是不可能，但是得有独特的特异功能，90年代老鹰队有一位绰号叫小土豆的韦伯（Webb），以区区170厘米身高却能在NBA混了12年，算是稀有的奇葩。他凭借的除了高超球技，关键在于他的弹跳能力，此兄号称是地球上跳得最高的男人，据说他的垂直跳高达120厘米，比飞人乔丹的110厘米左右更神。

到了21世纪，江湖又出现一位"跳豆"罗宾森，身长175厘米，垂直跳高110厘米，但他可是NBA首位拥有3座灌篮大赛冠军的球员。当这些超级矮个子轰敌队中锋火锅和拿NBA灌篮比赛冠军时，总是让普罗大众有股莫名的快感，大大帮咱们这些东方平凡身高的小老百姓出一口怨气，抚慰了咱们永远不可能企及的梦想。

不过，回到现实来，想要挑战NBA，我看185厘米左右恐怕已是很低门坎了，等等，先别失望！看看本文中林书豪的例子，趁着你还在长高的高锋期，彻底执行以下的增高大作战，或许来得及！

增高大补帖

每天500cc牛奶 补充钙质。饮食均衡又定时 每日五蔬果 饭后少甜食。跑跳运动每周3次以上 每次至少30分钟 跳绳每日五百下。晚上10点前就寝 每日至少睡8小时。保持好心情。

林书豪8年级国二时，他身高不到5英尺（152厘米），却人小志气高，常常以坚定的口气跟大人说："我要长到6英尺，以后要能灌篮！"

"我要长到6英尺，以后要能灌篮！要打NBA！"

从小看他长大，在硅谷山景城基督徒会堂负责青少年辅导的陈光耀牧师，当时看这身长不到五尺的小子，大人喷出来的口水，恐怕不小心就把他给淹死了，却如此口出狂言，不禁哈哈大笑。

心想："你的爸爸168厘米，妈妈也是中等身高，你有可能长那么高吗？纵使有，要打NBA恐怕6英尺还不够很多很多耶？而且球技得非常非常厉害呢。"

陈牧师把林书豪这话当成是不知天高地厚的童言童语，不过并没当场泼他冷水，只开玩笑问他："那你要如何长高呢？"幼小的林书豪挺起胸膛回答："我会喝很多牛奶，吃很多钙片！"不过，国中阶段显然还不是林书豪生长高峰期，纵使牛奶当开水喝，钙片当糖果吃，刚升到高一时，林书豪高中教练戴本布洛克回忆道："初次见到林书豪，我被他吓到了，因为他个子那么小，其他人跟他比起来是那么高大，那时候他投球也是普普而已。"

然而，持续的牛奶加钙片开始发挥功效，林书豪生命中的第一个奇迹出现，他不只长到6英尺，而是6英尺3（191厘米）。

对此，他也曾跟朋友分享："生命中很多事情是不能掌控也难以预料，以我的身高为例，看看我父母的身高，你根本无法想象我可以长这么高。"

"对于自己或小孩的能力，不要自我设限，对于自己的未来，勇于面对突来的变量。"这是林书豪说这句话的本意。一直以来，他都很乐于分享自己的成功经验，来激励他的教友或朋友。

父母身高顶多5英尺6，他却能长到6英尺3（191厘米），他是如何创造这奇迹的呢？

姑且不论这是否是林书豪所称"上帝的恩赐"，从医学保健的观点也可找到合理的解释。

人会长高，主要是脊椎和下肢骨两端的生长板，受脑垂体生长荷尔蒙刺激，骨头不断伸长变宽的结果。

而骨头有97%的组成成分是钙盐，因此要想多长高一点，食补和运动得双管其下才有明显效果。

食补方面，富含钙/镁的饮食品，例如肉类、蛋、海鲜、牛奶、豆腐、豆浆、小麦胚芽及小鱼干等得多吃。其中又以牛奶的钙磷比例是人体吸收钙质的最佳比例。

但是食用大量富含钙质的食物后，得考虑你的消化系统是否有能力全部吸收，吸收不了，它就随着你的大便排出，让你白忙一场。因此，同时要食用含维生素A、B、C、D食物，其中维生素B可促进成长，维生素D可以帮助钙质吸收（从晒太阳取得）。

运动方面，一些大量跑跳的运动，如跳绳、打篮球等，在身体跳起和着地时对膝盖的冲击和承重，会增进人体吸收钙质的能力，再则，跳跃会扩大关节空间，刺激和拉长软骨，同时加快整体代谢和生长激素分泌。

那人体的生长激素，何时分泌最旺盛呢？

运动过后和晚上9点起。这段期间要休息，而且每天要睡足8小时。饥饿状态时也会刺激生长激素分泌，所以三餐要定时，饭后少吃甜食。

另外，情绪低落时生长激素分泌比较少，所以当一个小孩子长期处于课业沉重压力，或被否定、被责骂的状态，可得小心身高长不高喔！

然后再对照林书豪的成长背景，他父母从小不但不反对他花大量时间在他最爱的篮球，而且全力支持，适时开导，林书豪一直保持在多运动心情佳的状态，胃口当然特别好，于是在牛奶、钙片、鸡蛋、鸡翅的火力支持下，造就了他191厘米的奇迹。

28招 老天保佑你拥有开明的父母

不禁，我们很好奇怎么样的父母，才能教养出像林书豪般的儿子？文武兼备，热情自信，谦虚无私，道德情操高贵，成功者该有的人格特质，无一不有。

哈佛小子 林书豪赢家心法

第28招 老天保佑你拥有开明的父母

　　林书豪的父亲林继明先生，建中毕业后考上台大，在清大研究所念了一年，又考取公费留学，典型的顶级资优生。

　　因为林书豪的阿公早逝，家中全靠阿嬷做裁缝维持一家生计，林爸爸当时就只带着阿嬷好不容易凑出的1000美元，远渡重洋留学去。到了美国半工半读，辛苦地拿到双博士学位。求学期间虽然迷上了当时在台湾看不到的NBA球赛，直到开始在美国就业后，才开始有闲情逸致打篮球。但是，喜欢归喜欢，在球场被球友以眼花缭乱的盘球技术，耍得团团转的滋味，可一点都不好玩。

　　博士级的脑袋，马上体认篮球基本运球动作的重要性，而且，这些基本功要越早扎根效果越好。因为从小不断练习某项运动，那个运动记忆更容易深植在体内，最重要的是随着身高成长，体内长出来的肌肉就是迎合那项运动的纤维，这就是所谓的"定型"。

　　我们可以从实例印证，网球名人阿加西，他擅长在球落地弹起时的第一时间击球，这种借力击球而且每一球都能扎实击在球拍的甜蜜点，难度很高，与其说他有天生的绝佳球感，也得归功于他老爸从他4岁时，就给他密集的网球正统训练。

　　棒球场上的投手或打击高手，几乎都从小开始接触，高中才开始打棒球的，不管体型多优，动作总是显得僵硬，球感欠佳，不相信的话，叫一个从来没接触棒球的标枪国手丢棒球，他的臂力一定不比正规的投手差，可是却不见得能丢出150公里的快速球，因为一个速球派投手除了臂力强壮之外，是否能运用全身肌肉让动作轻松流畅才是关键，这就是所谓的协调性，再说还得控球准确，那是手指和棒球从小接触，才培养得出来的球感。

每项运动需要的协调性都不相同，林书豪父亲林继明那时候花了好几年，才习惯打篮球的一些基本动作，但动作仍显得僵硬，当时他心想："以后如果有小孩子的时候，一定要从小带他们一起打篮球，他们就会非常习惯打篮球的方式。"

老爸从小扎根定型

于是，林书豪从5、6岁就开始接触篮球，当时倒不是为了培养他成为职业篮球员，而是锻炼身体，林爸爸了解打篮球有助于长高，而且篮球这种团队比赛，可培养小孩的团队精神，他知道在他以后长大成人，想在一个大企业里当一个杰出主管，这观念养成是很重要的。

林爸爸的球技虽然是业余级，但是他提供给林书豪的篮球基本动作功课可是博士级的。

看看在林书豪6岁时，老爸给他录的一段运球影带，影片中的他，天真稚气的脸庞，展露出高人一等的篮球天分，青涩却又熟练地秀着各种篮球基本运球动作，如胯下来回运球、换手左右运球、胯下来回换边运球、假切拉回运球、8字运球等等。天啊！那套几乎完整的专业级基本运球练习，我保证在台湾一般高中篮球校队等级的，有八成无法整套做到，林爸爸肯定下了一番大功夫，才能有如此的家教成果。

老妈因势利导，全程参与

不只是老爸用心，林书豪的妈妈吴信信也令人印象深刻，在林书豪小学阶段，当时，全美少年篮球协会在硅谷只有圣荷西分会，你知道吗？他妈妈为了让林书豪及兄弟有机会参加篮球比赛和训练，竟然特别组织一个帕洛奥图分会。

而且，她很用心帮林书豪找球队和优秀的教练，因为她知道球技和学业一样，从小打下正确的"型"是关键，小时候好的开始，是成功的一半。更酷的是林书豪比赛时，她只要时间允许，一定尽量全程参与，当儿子的忠实拉拉队。

林书豪的高中球队教练戴本布洛克说："我记得有一次，球队比赛前一小时，她就已经老早坐在观众席，等待品味她儿子在比赛中奔驰的身影。"

当时，吴信信常被其他的华裔家长问："让孩子花那么多时间打球好吗？"

你知道，华裔家长对子女学业紧迫盯人的管教方式，在美国可是有名的，因为这明显有别于美式家庭几近放牛吃草的管教方式。他老妈被如此问，还算是对他们这种家教方式，比较婉转的不认同，他们听到最直接的批评是："这根本是在浪费大家的时间嘛！"

林书豪的父亲可是留美电机和机械双博士，现是半导体工程师，母亲为计算机软件工程师，都是社会中顶端的知识分子，在一般华人社会的刻板印象，总认为小孩子的教育，读书第一，打球嘛，敷衍一下就好，所以看这对父母如此费尽心思，好像在经营事业般帮他找球队与教练，心中甚是不解。

　　他的父母之所以让小孩花这么多时间打球，而且自己花这么多心思帮小孩奠定篮球基本动作，创造篮球环境，甚至到比赛现场当小孩的忠实拉拉队，动机其实很单纯，除了锻炼身体之外，因为当林书豪和他的兄弟在打篮球时，是那么的快乐和满足。

明确"红色警戒线"

　　不过，林妈妈可也有一项坚持——功课没做完，考试成绩考不好，歹势啦！就得减少打篮球的时间喔！

　　这条家规可不是对林书豪说着玩而已，而是她的"红色警戒线"，越线绝不宽待。林书豪的高中球队教练当时常常接到林妈妈的电话威胁："Peter（教练名字）、Peter，Jeremy今天在课业上只拿到A减，如果下星期没有进步到A，我会叫他立刻退出球队！"

　　她明确让林书豪了解，要把这兴趣当饭吃，风险可不小，一个受伤可就全盘皆输，所以得同时把书念好，储备第二专长。

　　林书豪为了心中的最爱，做功课时当然铆起全力，像他打篮球的风格般，全神贯注，快速又有效率。以成败论英雄，林书豪高中以优异的学科成绩GPA4.2（满分5），近满分的SAT毕业，在哈佛除了主修经济之外，还游刃有余另副修社会学，并以优异成绩毕业，我们得承认，林妈妈用在他身上这套"因势利导"的管教模式，是非常成功的。

哈佛小子　林书豪赢家心法

有趣的是，当林书豪因为篮球而得以申请到大学龙门哈佛时，让他们周遭那些望子成龙的华裔家长们眼睛为之一亮，心想："原来还有这一招啊！博士级的教子之道果然有创意！"纷纷登门求教林妈妈，问："嘿嘿！您看我要让孩子学什么项目的运动，才能帮助申请到理想的大学呢？"

态度从之前的质疑、批评，变成完全的信服。

林妈妈脸上浮出三条线。

别让人生留遗憾

你也不要误会林妈妈对儿子很专制，随着林书豪的年纪渐长到有正确的独立判断能力，她知道适时放手，给孩子空间自由发展。

林书豪从总统级的哈佛大学毕业后，来到了他人生最重要的十字路口，一条是一帆风顺的路，继续念MBA（管理硕士）进而拿博士学位，以后在大企业里干出一番大事业，或谋一大学教职，享受被学生尊敬而且风平浪静的生活；另一条则是波涛汹涌的路，依自己兴趣在NBA投石问路，这是他的最爱，有机会享受乘风的恣意，破浪的刺激，但最爱往往伤你最深，一不小心可随时有惨遭灭顶的风险。

以林书豪刚从哈佛毕业时的职篮行情，在NBA选秀会上，预估纵使能中榜也一定掉在车尾，比赛时恐怕注定得在板凳冷宫中，当一个可有可无的替补球员。

到底走一帆风顺的路，还是波涛汹涌的路？

天下父母心，哪一对父母不希望子女一帆风顺，但是，林书豪的父母一副轻松状对林书豪说:"你如果要选择打篮球这条路,就放胆去试吧,不管是否能在NBA打,纵使在发展联盟,我们仍然全力支持!但是,可不可以不要试太久?因为我们养不起你喔,亲爱的儿子。"

因为,他们知道这是儿子的梦想,儿子的最爱。百岁光阴,滔滔逝水,别让人生留遗憾。不让他试试,儿子会抱憾一辈子的,他们在乎的不是结果,而是过程,那个勇于追逐梦想的过程。

林爸爸只给林书豪灌输一个观念,要打"神圣的篮球",尊重对手,要发扬团队精神,不要在乎自己得几分,只在乎自己对团队的贡献度。

林妈妈内心深处其实从来没有期待林书豪会成为NBA球员,只是因为孩子喜欢打球,看他打球时是那么快乐,才让孩子打球的。再则,她认为训练他的性格,比训练他的球技来得重要,篮球只能打一时,性格却是决定一生,让儿子先出去吃吃苦头,未尝不是一件好事。

但她始料未及,林书豪刚进NBA后苦头吃得如此之重,她事后表白:"那段时日,我每天最困难的一件事是看报纸。报上写的都说林书豪不是打NBA的料,有机会进NBA打球,只不过是因为考虑到中国的市场。"她觉得这是在羞辱他儿子,非常不服气。

她告诉儿子:"相信自己!别让外界的杂音击倒你。"

然而,眼看着儿子一次一次备受打击,好像被篮球吞吃掉了,整日就剩汗水和泪水相伴,原本一个开朗逗趣的个性,被煎熬得活像斗败的公鸡,垂头丧气,心力俱疲,失去了人生最大意义——快乐。身为一位母亲，当然相当不舍得，"支持"的意志不禁有所动摇。

在2012年2月4日尼克斯对篮网之役，她甚至在心中祈祷林书豪："把球赛搞砸掉吧，不要再打球了！拜托！"

就在这当下，奇迹出现！林书豪绝地大翻身，竟然创造了一个袭卷全世界的"林来疯"旋风。命运的确够奇妙，惊喜总在将近绝望时产生，只要相信自己，坚持到底，永不放弃，只要还站在舞台上，人生永远都有机会逆转。

第29招 欧拉朱旺的天蚕梦幻步

欧拉朱旺的"天蚕梦幻步"到底有多神奇？

本章抽丝剥茧，提纲挈领，破解"天蚕门"招式密码，让江湖英雄好汉一窥这千金难买之秘。

第29招 欧拉朱旺的天蚕梦幻步

"魔兽"霍华德（Dwight Howard）在湖人经过2012—2013年球季一年的不愉快后，他毅然挥别湖人队，选择加入潜力十足的火箭队，这是他第一次有机会自己决定自己的未来。

2004年的NBA选秀会上，奥兰多魔术以状元签选中霍华德，这位江湖公认当代第一中锋在魔术队效力长达8年的时间，发觉无望一统江湖后，提出转队要求，消息一出，各路军团争相追逐，但这笔超级大咖的交易，牵涉到各队人马的交换，搞得谣言四起，人心惶惶，最后竟演变成歹戏拖片的"魔兽人生"。霍华德人在江湖，身不由己。

最后他被交易到湖人队，各方看好他可望继"大鲨鱼"奥尼尔之后，在洛杉矶开创他另一个王朝。可是一年下来，却是霍华德自闯荡NBA以来最不如意，最不快乐的一年。

开心果碰到无花果

加盟火箭后，霍华德才说出真心话："和Kobe一起打球的确不是一件容易的事情。"

霍华德个性阳光，性好搞笑，他追求快乐打球，也希望自己散发出来的快乐因子，能感染队友让大伙都能快乐打球，这种个性本来是一项绝佳优点，可惜，当碰到律己甚严的科比·布莱恩特时，却如开心果碰到无花果，让他浑身不自在，也让这支一度惊动万教的黄金F4军团，变成走味的咖啡般草草收场。

这两位当代高手无法修成正果的原因，严格讲没有绝对的谁是谁非，科比·布莱恩特认为球场如战场，非得严肃以对不可，比赛中得拼出吃奶的力量全力求胜，甚至赛前练球都得全心投入，科比认为他之所以能手戴多枚冠军戒指，除了天分之外得非常努力投入，才有今日功绩。而在他眼中，霍华德天分绝佳却努力不足，他恨铁不成钢，可惜，沟通手法欠佳，造成彼此心结渐深。

2012—2013球季结束后，湖人高层全力慰留霍华德，特地开一个慰留会，希望科比·布莱恩特能说动他，会中，科比仍然高姿态给小老弟忠告："你想和我一样手戴多枚冠军戒指吗？跟在我旁边学就对了，我从许多前辈高手吸收了他们的得冠秘诀，我可以倾囊相授。"

一时，霍华德头冒三条线。他已经领教了科比这所谓的"夺冠秘诀"一整年，这就是他想离开的主因耶。

坚持写自己的故事

这次的转队，他学到教训了，当机立断，不再让事情搞到谣言四起，人人自危，重演"魔兽人生"续集，而且坚持要自己来选择球队，不再受旁人左右。他宁可与火箭签下4年总值8800万美元的合约，远低于洛杉矶湖人能开出的1.18亿美元合约，但霍华德强调："现在我有机会可以自己选择自己的命运，有机会写自己的故事，这对我来说意义重大。"

哈佛小子
林书豪赢家心法

他知道他有能力建立另一个属于自己的世代王朝，只要他身边有一群志同道合，技术相当而且磁场相近的队友辅佐，他也知道他正处于体能、技巧和经验的巅峰期。他在魔术队潜伏8年，又在湖人队错过1年，岁月可是不饶人，他坚信自己"快乐打球"哲学，仍然可在队友间凝聚出巨大的团队战斗力，共创自己的王朝，建立自己的风格。

湖人传奇中锋"天勾"贾巴尔（Kareem Abdul-Jabbar）在霍华德选择移驾到火箭队后，送他一句忠告："潜力可是有保鲜期的喔！小老弟！"

不错！霍华德可否名列NBA历代"伟大"中锋英雄榜，他在"快乐打球"和"求胜欲望"之间，可否收放自如，是关键所在。当他来到火箭队当了真正的"一哥"时，得视实际效应而有所调整。

霍华德选择离开湖人队的另一个原因是，湖人总教头丹东尼一直坚持以科比·布莱恩特为进攻主轴的战术，未能充分应用他的全能身手，让他有志难伸。

他自从拜师欧拉朱旺（Hakeem Olajuwon）的"天蚕门"后，自认已习得"翻身天王"欧拉朱旺那低位单打技巧"天蚕梦幻步"的招式精华，足以在篮下一夫当关，万夫莫敌，建立起他一代中锋的历史地位。

回顾历来NBA被定位为"伟大"的中锋，手戴冠军戒指这丰功伟业是必要条件，而自身也非得在禁区低位打出让人闻之色变的名号不可，因为这才代表他是货真价实主宰篮下，扮演大哥拥有的球

"第29招"欧拉朱旺的"天蚕梦幻步"

权，并且能吸引敌队包夹，借此制造队友空当。

欧拉朱旺的"天蚕梦幻步"

　　欧拉朱旺的"天蚕梦幻步"到底有多神奇？

　　为什么每到夏天总是有不少NBA大牌球星，包括詹姆斯（LeBron James）、科比·布莱恩特、"甜瓜"安东尼等顶级高手，仍愿意自掏腰包，以每周高达5万美元学费的代价，拜师欧拉朱旺，向他学习低位单打技巧和脚步呢？

　　本章抽丝剥茧，提纲挈领，破解"天蚕门"招式密码，让江湖英雄好汉一窥这千金难买之秘。

　　"天蚕梦幻步"共分二大招，第一招"破阴式"，第二招"破阳式"。"破阴式"可破解天下各门派在禁区左侧低位的任何防守阵势，"破阳式"则可破各门派在禁区右侧低位的任何防守阵势。

　　"天蚕梦幻步"，虽称只有二招，实则招中有式，式中带招，每一招太极生两仪，两仪生四象，四象衍八卦，八八生成六十四种变化。动作讲究确实到位，招式一使出，疾如风，侵略如火，攻敌之不得不守，却又忽吞忽吐，忽左忽右，随时都可化虚为实，让人防不胜防，因此江湖才形容欧拉朱旺的"天蚕梦幻步"，疾风呼啸来无影，寒身刺骨去无踪。

　　"快"和"动作确实到位"是欧拉朱旺使招的特色。为什么他能把翻身使的如此之快？"劲道之源，其根在脚"，因为他善于用脚取得劲力来源，同样一招，经他之手才能舞出如此华丽幻影。而"动作确实到位"才能有效诱敌，让对手无法可破。

使招要诀：心无所滞，随势而为。

人使招式，不是招式使人，招式是死的，人是活的，活人要是拘泥于死招式，则碰到真正高手，一亮出起手式，就给对手洞悉你要出哪一招，纵然你耍了半天，对手只要先占住你出手点位置，轻易就封死你。

起手式的"总诀步法"

这套"天蚕梦幻步"破阴式和破阳式两侧加起来共有128种变化，一般人想全部学齐，因为内力不足，保证学到头昏眼花，走火入魔，因此本章特别去繁存精，择其精华，以飨有幸得本书的英雄好汉。

为了让有心人更容易入门，本章以循序渐进，由易入难原则，先以图解方式列出起手式的"总诀步法"，再依图解衍生的招式变化，让芸芸众生有脉络可寻，一看就懂，一练就会，一用就灵。

学此套招式第一步要练他千遍不厌倦，达到身心合一，收放自如的地步，练招式时务必动作确实到位，才有欺敌之效。

熟练招式还只是第一步，招式使得再熟练，只要有迹可寻，敌人仍可料敌机先，所以学招要活学，使招要活使，倘若拘泥不化，即便练熟了这128种招式，遇上了真正高手，终究还是会被人家破得干干净净。

欧拉朱旺特别叮咛，学这套"天蚕梦幻步"，要旨在"活学活使"，绝对不可死记死使，使招时最好只存招式之意，无招式之形。不可招式一使出就先设定要用哪一招，要在何处出手。临敌之际，最好把招式忘得一干二净，则更不受原来招式的拘束。

第29招 欧拉朱旺的"天蚕梦幻步"

天蚕梦幻步—破阴式

总诀步法—起手式

第29招 欧拉朱旺的"天蚕梦幻步"

"破阴式"可破尽禁区左侧低位的任何防守阵势

篮球招式千百种，脚步虚实为正宗。招式是否管用，脚步是一切根基，想复制欧拉朱万"天蚕梦幻步"，先从这起手式"总诀步法"入门吧！

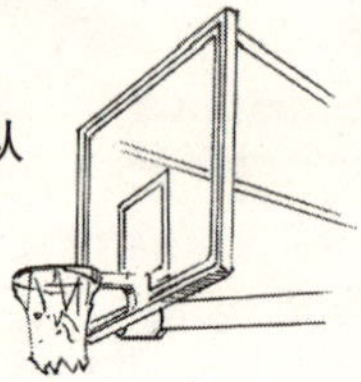

背对篮筐接球后，"破阴五式"的5种起手式—起脚移位路径选择。

1 破阴一式—顺翻缠身步

伴往外传，起右脚往中线运球一步，跃起紧靠防守者身体并空中收球。

2 破阴二式—由外逆翻步

右脚由外逆翻运球一次就收球。

3 破阴三式——跳出逆翻步

往左外侧跳起接球，左脚大跨步着地，右脚顺势逆翻成正对篮框。

4 破阴四式——内移伴右步

右脚顺翻，转成正对篮筐。

5 破阴五式——内移伴左步

左脚逆翻伴左切。

天蚕梦幻步—破阴式—第一招

白鹤亮翅——佯传顺翻后仰跳

招式心法 随心所欲，随势而变

"天蚕梦幻步"的威力之所以如"独孤九剑"一样一败难求，关键在于每一招从起手式到整招使全，当中约有5个出手点，每个出手点都各有投球、切入、翻身等变化，投球方式再分跳投、后仰跳、半勾，切入有左右之分，翻身则有顺翻和逆翻的变化。

欧拉朱旺却能随心所欲，随势而变，随时可化虚为实。以本招为例：

接球后，可传可逆翻可顺翻是一变。本招起手式是利用破阴一式顺翻缠身步，往外佯传立刻顺翻运球一次。运球跳起紧靠对手，此时可收球以左手半勾，也可收球逆翻，此又一变。

3

右脚先着地，以身体下冲之力，突然左脚大步后退，左手肘顺势张开，轻轻架开对手，整个动作有如白鹤展翅，直入云霄，故本招得名"白鹤亮翅"。

4

5

本招除了后仰跳投这出手点之外，欧拉朱旺再传授"魔兽"霍华德另一变，招中有招，伴投左脚跨入篮下再出手。

第 *29* 招 欧拉朱旺的"天蚕梦幻步"

天蚕梦幻步——破阴式——第二招
飞沙走石——逆翻带——步再顺翻
招式心法 动作到位，跨步够大

参照破阴式——起手式"总诀步法"第2种脚步移位路径

"逆翻带一步再顺翻"这翻身招式，欧拉朱旺广泛运用在禁区低位左右两侧位置，意即"破阴式"和"破阳式"中都常见到，因为它易学又实用，此招非学不可。

1 接球后可做一个伴传动作，或接球就亮出"破阴二式"由外逆翻步，往左逆翻。

2 运球一次后立即收球顺翻。

3 翻身着地后以左手半勾出手。

欧拉朱旺的翻身动作之所以被江湖称之，疾风呼啸来无影，主要是指"飞沙走石"这招顺翻动作，此乃他成名的最致命绝招。使用要诀：快速、动作到位、跨步够大。

"魔兽"霍华德经欧拉朱旺传授后，所演练出来的火候，只得其形，剑气仍有不足，还好欧拉朱旺移驾到火箭队当专任老师，就近督促他继续加强。

第29招 欧拉朱旺的"天蚕梦幻步"

天蚕梦幻步—破阴式—第三招
梅开二度—逆翻伴投—切左再逆翻
招式心法 借力外跳，二度逆翻

参照破阴式—起手式"总诀步法"第3种脚步移位路径

当你在低位积极抢位，以利接球后更接近篮筐攻击时，对手必定以手肘奋力把你往外推。本招是欧拉朱旺突然借力使力，反行其道，顺势往外跳接球的招式之一。

1 使出"破阴三式"跳出逆翻步，往左外方向跳出接球，左脚先着地后，右脚大步跨出，并以左脚当轴心脚。

2 立刻逆翻做出跳投动作，没机会的话向左运球一次。可在此收球使出破阴式第一招"白鹤亮翅"。

3 4 5 另一个选择，再一个逆翻，翻身中收球，拔剑出鞘直攻篮筐。整个招式，运用两次华丽的逆翻动作，故得名"梅开二度"。

天蚕梦幻步——破阴式——第四招
黄莺出谷——跳出接球——佯右切左再逆翻
招式心法 虚中带实，实中带虚

本招欧拉朱旺在迅雷不及掩耳下，跳出禁区，瞬间左晃右晃，雀跃如黄莺，人影如鬼魅，到处可见，突然扬起一阵飞沙，扬长而去。过程虚中带实，实中带虚，威力岂止如黄莺出谷恼人清梦便罢，那已是魔音传脑的境界。

第 *29* 招 欧拉朱旺的"天蚕梦幻步"

1

2 一样是跳出接球，但这招是往正前方跳，并以左脚当轴心脚。

3 亮出"破阴四式"内移佯右步的起手式，右脚顺翻，转成正对篮筐。这顺翻动作后，有三种进攻选择：一是顺势同时往右切，或佯右切。二是作势原地跳投。

4

三即是本招，踏右切左，右脚往右一踏伴右切。但右脚着地同时，左脚起步往左切。

右脚顺势往左踏一小步后当轴心脚，亮出本招欧拉朱旺见血封喉的杀着"飞沙走石"，一个大逆翻，只见地上扬起一阵风沙，人却已在远方起身跳投。

第29招 欧拉朱旺的"天蚕梦幻步"

天蚕梦幻步—破阴式—第五招
踏雪无痕——佯左切右再顺翻
招式心法 各招混出，招式无痕

欧拉朱旺这招"踏雪无痕"整招起承转合有四式，以接球佯传外为起，以"破阴五式"那一踏，佯左切为承，再运用"破阴二式"佯右切为转，最后以"飞沙走石"为合，各招浑出，招式无痕，敌人就难破，所以江湖封号"踏雪无痕"。"魔兽"霍华德演练此招，在"动作确实到位"方面嘛……还有进步空间。

第29招 欧拉朱旺的"天蚕梦幻步"

接球佯传外后，立刻使出"破阴五式"内移佯左步，提左脚由内往左移。

1

2

左脚往左一踏，立刻蹬起往右运球。

3

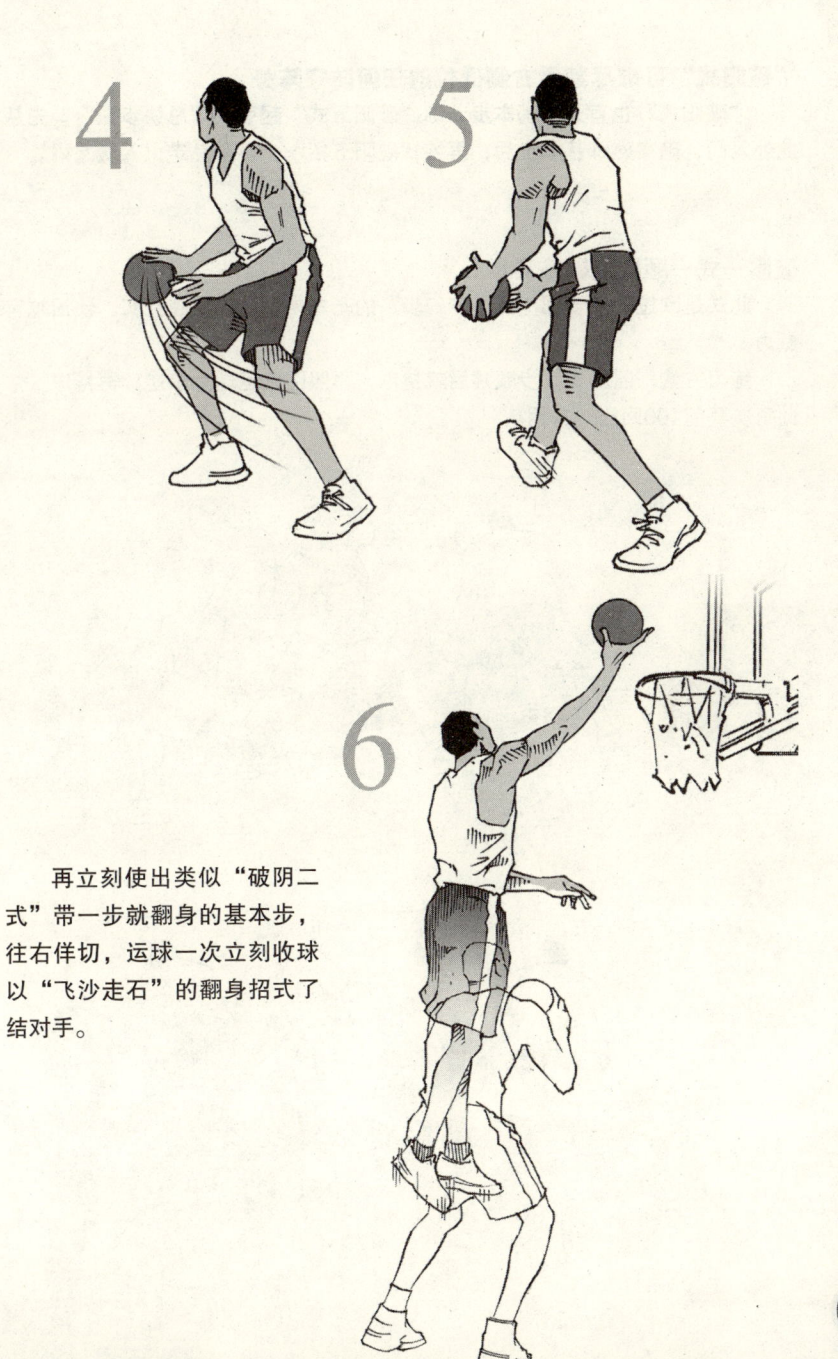

4

5

6

再立刻使出类似"破阴二式"带一步就翻身的基本步，往右佯切，运球一次立刻收球以"飞沙走石"的翻身招式了结对手。

第 *29* 招 欧拉朱旺的"天蚕梦幻步"

天蚕梦幻步——破阳五式
起手式"总诀步法"

"破阳式"可破尽禁区右侧低位的任何防守阵势

"破阳式"也有五式基本步,称"破阳五式"起手式"总诀步法",先从此处入门,确实熟练基本步后,再练"破阳五招",可避免走火入魔之祸。

破阳一式——顺翻逆翻练习步

此式是欧拉朱旺全部"天蚕梦幻步"的基本内功,内功越扎实,使招越有威力。

练习方法:照图1大步顺翻后就持球,再照图2运球大步逆翻再持球。依此每次赛前100回当热身用。

破阳二式—踏雪顺翻步
1. 左脚往左用力一踏，右手持球同时往左手掌一拍。
2. 以左脚着地的反弹之力，瞬间顺翻。

破阳三式—流星顺翻步
接球就顺翻，要诀在翻身时右手肘卡住对方右手。

天蚕梦幻步—破阳五式
起手式"总诀步法"

破阳四式—赶月跳出步

1. 对手以右手肘使力把"大帝"詹姆斯往外顶时。

2. 詹姆斯借力使力,顺势跳出接球。

3. 右脚先着地,顺势逆翻,左脚大步跨出,做势出手。

破阳五式—劈山右切步

1

2 接球后提右脚，让身体侧对敌手，球高举在头后。

3 突然持球由上往下，一个"关公破柴"往右切。

第 *29* 招 欧拉朱旺的"天蚕梦幻步"

天蚕梦幻步—破阳式—第一招
回头是岸——顺翻一点——逆翻勾射
招式心法 顺翻一点，回头一看，逆翻跳开，倩女勾魂

当招式练到如电光火石般快速时，轻微的举手提足，甚或晃肩甩头等，都能达到致命的诱敌之效。本招欧拉朱旺回头往右一看，就会让对手神经紧绷，不自觉重心些微移动，他趁机反向逆翻，一溜烟，人已飞在半空勾射。

第 *29* 招 欧拉朱旺的"天蚕梦幻步"

1.2.
接球后，提左脚顺翻一半，回头往右一看，突然以左脚踩地后的反弹之力，反向逆翻。

3.4.
往左运球一次就收球，同时左脚大步一跨，跳离对手。动作流畅快速，变成左脚这一步才是收球的第一步，"大胡子"哈登轰动武林的"偷吃一步"，就是从这动作偷学而来的。

天蚕梦幻步—破阳式—第二招
飞鸿踏雪—往左一踏—弹起顺翻

招式心法 劲道之源,其根在踏,踏雪顺翻,飞鸿雪泥

本招"飞鸿踏雪"是"魔兽"霍华德运用欧拉朱旺教的基本步"破阳二式-踏雪顺翻步",自行创制的招式。只见霍华德往左一踏,人影悠然无踪,毫无拙力痕迹,已有欧拉朱旺使这招时那"人影到处知何似?应似飞鸿踏雪泥"的神韵。

1 左脚往左用力一踏。

2 以反弹之力顺翻而过。

3 停球位置篮筐两边都可攻击。

第29招 欧拉朱旺的"天蚕梦幻步"

273

天蚕梦幻步—破阳式—第三招
回眸一笑——佯切佯顺翻回身投

招式心法 动作到位，攻敌必防，回眸一笑，倾国倾城

自从欧拉朱旺封刀退出江湖后，他这招极具个人特色的"回眸一笑"，几乎也跟着消迹于世。其实使这招的难度并不会太高，关键还是在于动作要求确实到位，否则，只得其形，不得其意，达不到诱敌之效，使到一半就被看破手脚，自然慢慢地就无人敢尝试。

1 接球后就往右运球一次。

2 右脚为轴心脚，大步逆翻，球运到几手过半个圆周，顺势回眸一笑，突然刹车。

3 再顺翻一个大翻步后仰跳投。

4

第 29 招 欧拉朱旺的"天蚕梦幻步"

天蚕梦幻步—破阳式—第四招
流星赶月——跳出顺翻伴投——伴切顺翻投

招式心法 流星赶月去无影，风卷残云来断魂

参照基本步"破阳四式—赶月跳出步"为起手式。

当对手把你往外顶时，以"赶月跳出步"顺势如流星般飞出接球，立刻又化做一阵旋风回来狂扫一圈，再扬长而去。江湖称之：流星赶月去无影，风卷残云来断魂。

1 顺势跳出接球，右脚先着地，立刻顺翻，左脚大步跨出并做势跳投。

2 没机会就向右切入。

3 突然急停刹车，以"飞沙走石"了结对手。

第 *29* 招 欧拉朱旺的"天蚕梦幻步"

天蚕梦幻步—破阳式—第五招

东张西望—大步贴身—伴顺翻再逆翻投

招式心法 大步贴身两头烧，东张西望任你挑

这招"东张西望"是天蚕门难度最高的一招，二十年内江湖恐怕很难再现欧拉朱旺般的神威，"篮球之神"乔丹和科比·布莱恩特偶尔也会亮出此招，可惜他们不是中锋，无法在禁区内把本招那"大步贴身两头烧，东张西望任你挑"的睥睨气势，使到最高境界。

第 29 招 欧拉朱旺的"天蚕梦幻步"

1 接球随手往中线运。

2 运一步就准备收球。

3.4.

　　往对手贴身，大步横跨，两边顺翻逆翻皆利刃，本招他往左一瞥立刻把球顺翻横移到最尽头，并往右一望。

5.6. 以右脚反弹之力，逆翻跳投。

第 *29* 招 欧拉朱旺的"天蚕梦幻步"

图书在版编目(CIP)数据

球不会说谎：哈佛小子林书豪赢家心法29招/肯特著；陈志隆绘图.–北京：人民体育出版社，2015
ISBN 978-7-5009-4823-0

Ⅰ.①球… Ⅱ.①肯… ②陈… Ⅲ.①林书豪–生平事迹
Ⅳ.①K837.125.47

中国版本图书馆CIP数据核字(2015)第114794号

*

人民体育出版社出版发行
三河兴达印务有限公司印刷
新 华 书 店 经 销

*

880×1230　32开本　8.75印张　200千字
2015年9月第1版　2015年9月第1次印刷
印数：1—5,000册

*

ISBN 978-7-5009-4823-0
定价：28.00元

社址：北京市东城区体育馆路8号（天坛公园东门）
电话：67151482（发行部）　　邮编：100061
传真：67151483　　　　　　　邮购：67118491
网址：http://www.sportspublish.com

（购买本社图书，如遇有缺损页可与邮购部联系）